新・保育と健康

三村 寛一・安部 惠子 編著

原田 健次・中村 泰介・岡 みゆき
小林 志保・秋武 寛・永井 伸人
布施 仁・髙木 信良・東 隆史
野中 耕次・吉田 康成 共著

嵯峨野書院

は　じ　め　に

　近年少子化時代を迎え，ますます教育の重要性が叫ばれる中，子育て中の親や保護者が保育所や学童保育などの施設に入所希望を出しても保育関連施設が満員で入所できない「待機児童」の増加などに対して，国を挙げて対策を講じています。また，「就学前の子どもに関する教育，保育等の総合的な提供の推進に関する法律の一部を改正する法律」（平成24年法律第66号・平成27年4月1日施行）により，就学前の子どもに関する教育・保育の制度が大きく変わりました。幼稚園（文部科学省管轄），保育所（厚生労働省管轄）に加え，幼稚園と保育所の両方の機能を合わせ持った「認定こども園」（内閣府・文部科学省・厚生労働省管轄）という新しい施設もできました。さらに幼稚園教諭，保育士等の待遇改善や保育料の無償化についても国レベルで検討されています。教育内容については，2018（平成30）年度施行幼稚園教育要領，保育所保育指針，幼保連携型認定こども園教育・保育要領が改訂（定）されました。さらに子どもの体力低下の対策として2012（平成24）年3月文部科学省から「幼児期運動指針」が策定されて，各都道府県の教育委員会・国・公立・私立の幼稚園・保育所・認定こども園等に通達されました。これらの大変改の中，教育・保育現場の方に日々の指導に役立てていただけるよう重要ポイントをコンパクトにしぼった著書を作成いたしました。

　第1章では幼児教育の基本と領域「健康」，第2章では乳幼児のからだと発育・発達，第3章では乳幼児の精神（こころ）の発達，第4章では乳幼児の生活習慣の形成と指導，第5章では幼児期運動指針，第6章では幼児の体力・運動能力テスト，第7章，第8章では幼児の運動あそび，第9章では保育所・幼稚園における公開行事，第10章では安全教育と事故予防，第11章では幼稚園における指導計画と指導案，第12章では保育所における指導計画と指導案，第13章では認定こども園における指導計画と指導案について紹介しています。

　本書は専門学校・短期大学・4年制大学で保育士・幼稚園教諭をめざす学生に，「保育と健康」の授業テキストとして使えるように作成したものであり，図表を多く取り入れ，各章ごとに重要語句やまとめを示し，授業でも使いやすいように工夫されています。

　最後に，本書が就学前の子どもに関わる様々な方々に広く活用され，子どもたちが元気で明るく健やかに成長することを願っています。

2018年3月

編者を代表して
三　村　寛　一

● 目　　次 ●

はじめに ……………………………………………………………………………………… i

第1章　幼児教育の基本と領域「健康」…………………………………………… 1

1 日本の保育情勢について ……………………………………………… 1
　　（1）　幼稚園教育要領・保育所保育指針・幼保連携型認定こども
　　　　　園教育・保育要領の改訂（定）のポイントと解説　1
　　（2）　幼児期の終わりまでに育ってほしい姿　3
2 保育の構造化と保育の内容 …………………………………………… 6
　　（1）　保育内容「健康」の領域に関すること　6
　　（2）　からだを動かす気持ちよさを体験し，自らからだを動かそう
　　　　　とする意欲が育つ　7
　　（3）　健康，安全な生活に必要な基本的な生活習慣を身につける
　　　　　7
　　ま と め ……………………………………………………………………… 9

第2章　乳幼児のからだと発育・発達 …………………………………………… 10

1 発育・発達とは ………………………………………………………… 10
2 からだの成長 …………………………………………………………… 10
3 形態および体格指数 …………………………………………………… 11
　　（1）　体　重　12
　　（2）　身　長　12
　　（3）　胸　囲　12
　　（4）　頭　囲　12
　　（5）　発育指数　13
4 骨の発達 ………………………………………………………………… 13
5 歯の発達 ………………………………………………………………… 14
6 脳の発達 ………………………………………………………………… 15
7 運動機能の発達 ………………………………………………………… 16

　　　　（1）　初歩的な運動　　16
　　　　（2）　基本的な運動　　17
　　　　（3）　遊びプログラム　　18
　　ま と め ……………………………………………………………………… 20

第3章　乳幼児の精神（こころ）の発達 …………………………………… 21

　　1　精神的発達（こころの発達）………………………………………… 21
　　2　知的能力の発達 ……………………………………………………… 24
　　　　（1）　感覚運動的知能段階（出生〜1歳半あるいは2歳）　　25
　　　　（2）　前操作的知能段階の象徴的思考段階（1歳半あるいは2歳〜
　　　　　　　4歳）　　27
　　　　（3）　前操作的知能段階の直観的思考段階（4歳〜7歳）　　27
　　3　社会性の発達 ………………………………………………………… 28
　　ま と め ……………………………………………………………………… 31

第4章　乳幼児の生活習慣の形成と指導 …………………………………… 32

　　1　基本的生活習慣 ……………………………………………………… 32
　　2　食事の自立 …………………………………………………………… 33
　　3　排泄の自立 …………………………………………………………… 34
　　4　睡眠の自立 …………………………………………………………… 35
　　5　衣服の着脱の自立 …………………………………………………… 36
　　6　清　潔 ………………………………………………………………… 37
　　ま と め ……………………………………………………………………… 39

第5章　幼児期運動指針 ……………………………………………………… 40

　　1　子どもにとっての運動 ……………………………………………… 40
　　　　（1）　発育発達を促す　　40
　　　　（2）　様々な運動動作の習得　　40
　　　　（3）　意欲的な心の育成　　42
　　　　（4）　身体活動量の確保　　42
　　2　幼児期運動指針策定 ………………………………………………… 43

　　　　（1）実践のポイント：運動あそびを反復して行う　44
　　　　（2）実践のポイント：多様な動きが経験できるように
　　　　　　様々な遊びを取り入れる　44
　　　　（3）実践のポイント：楽しく体を動かす時間を確保する　45
　　3　幼児期における運動あそびの留意点……………………………………46
　　4　教員養成大学の役割……………………………………………………47
　　ま と め……………………………………………………………………49

第6章 幼児の体力・運動能力テスト……………………………………50

　　1　幼児の体力とは…………………………………………………………50
　　2　幼児の基礎的運動能力とは……………………………………………51
　　　　（1）幼児期に身に付けたい基本動作　52
　　　　（2）基礎的運動能力の発達について　53
　　3　運動能力調査の方法と評価……………………………………………54
　　ま と め……………………………………………………………………58

第7章 幼児の運動あそび（1）……………………………………………59

　　1　現代の幼児の運動あそび………………………………………………59
　　2　年齢から見た運動あそび………………………………………………60
　　　　（1）子どもの運動発達の原則　60
　　　　（2）子ども（0歳から6歳児）の運動発達の特徴　61
　　3　多様な動きを身につける運動あそび…………………………………63
　　4　運動あそびの実践例……………………………………………………64
　　ま と め……………………………………………………………………67

第8章 幼児の運動あそび（2）……………………………………………68

　　1　遊具や用具とのかかわり………………………………………………68
　　　　（1）遊具で身につく力　69
　　　　（2）固定遊具の主な種類と特徴　69
　　　　（3）遊具で遊ぶときの10の約束　71
　　　　（4）移動遊具の主な種類と特徴　72

２　運動あそびの事例 …………………………………………………… 73
　　　　（１）　サーキットあそび　73
　　　　（２）　パラバルーン　74
　　　　（３）　水あそび　74
　　　　（４）　平均台（島鬼ごっこ）　74
　　　　（５）　なわ（ヘビさん）　74
　　３　保育者の配慮と援助 ………………………………………………… 75
　　まとめ ……………………………………………………………………… 77

第９章　保育所・幼稚園における公開行事　…………………………78

　　１　運動会 ………………………………………………………………… 78
　　　　（１）　運動会の特性　78
　　　　（２）　保育のねらいと指導の留意点　79
　　　　（３）　実践例　80
　　２　水あそびとプールあそび …………………………………………… 82
　　　　（１）　特性　82
　　　　（２）　保育のねらいと指導の留意点　82
　　３　園外保育 ……………………………………………………………… 84
　　　　（１）　遠足・散歩　85
　　　　（２）　収穫（芋掘り・筍掘り・みかん狩り・稲刈り・畑での野菜
　　　　　　　収穫）　86
　　まとめ ……………………………………………………………………… 87

第10章　安全教育と事故予防　………………………………………………88

　　１　園内における安全教育 ……………………………………………… 89
　　２　園（所）内の事故と傷害 …………………………………………… 90
　　　　（１）　死亡事故　91
　　　　（２）　負傷・疾病　91
　　　　（３）　障害　92
　　３　傷害の種類と応急処置 ……………………………………………… 93
　　　　（１）　挫傷・打撲　93

（2）挫　創　93
　　　（3）骨折・脱臼・捻挫　94
　　　（4）熱　傷　95
　　　（5）鼻出血　95
　　　（6）熱中症　96
　４　一次救命処置……………………………………………………………97
　　　（1）気道内異物の除去　97
　　　（2）一次救命処置（心肺蘇生法とAEDの使用）　97
　ま と め…………………………………………………………………100

第11章　幼稚園における指導計画と指導案……………………………… 101

　１　領域「健康」における幼稚園教育要領改訂のポイントと解説……101
　２　幼稚園教育要領と指導計画の作成について……………………………102
　　　（1）指導計画の考え方　103
　　　（2）長期的な指導計画（年，期，月）　104
　　　（3）短期的な指導計画（週，日）　104
　　　（4）指導案の実践例　105
　　　（5）指導の振り返りおよび評価　105
　ま と め…………………………………………………………………109

第12章　保育所における指導計画と指導案……………………………… 110

　１　保育所保育指針改定にともなう「健康及び安全」における
　　　ポイントと解説……………………………………………………………110
　　　（1）保育所保育指針の第7章構成から第5章構成にかわる，
　　　　　改定の方向性　110
　　　（2）保育所保育指針の第1章から第5章で構成され，「健康及び
　　　　　安全」は第3章に改定された点について　111
　２　全体的な計画（改定前の保育課程）と指導計画の作成……………113
　　　（1）全体的な計画の作成手順　113
　　　（2）指導計画の作成　113
　３　長期的な指導計画（年，期，月）……………………………………114

4　短期的な指導計画（週，日）……………………………………114
　　5　乳幼児保育のねらいおよび内容……………………………………117
　　6　保育実践の振り返りおよび評価……………………………………117
　　ま と め……………………………………………………………………119

第13章　認定こども園における指導計画と指導案……………………120

　　1　長期的な指導計画と短期的な指導計画……………………………121
　　2　指導案について……………………………………………………122
　　3　実践の振り返りと評価……………………………………………125
　　ま と め……………………………………………………………………127

重要語句集………………………………………………………………………129

章イラスト　なかのまいこ

第1章
幼児教育の基本と領域「健康」

1 日本の保育情勢について

　日本の保育において，幼稚園は幼稚園教育要領に示されている学校教育法に基づく学校の1つとして，保育所は保育所保育指針に示されている児童福祉法に基づく児童福祉施設の1つとして，幼保連携型認定こども園では，幼保連携型認定こども園教育・保育要領に即して教育および保育が行われている。

　昨今の社会情勢の変化に伴い，わが国の保育現場においては，幼稚園と保育所の枠組みを超えた柔軟な対応が必要となった。そこで，両方の役割を果たすことのできる施設として，2006（平成18）年に，「就学前の子どもに関する教育，保育等の総合的な提供の推進に関する法律」が制定され，認定こども園制度が始まった。その後，2012（平成24）年に，同法の一部改正が行われ，2015（平成27）年4月から**子ども・子育て支援新制度**が施行された。

子ども・子育て支援新制度

　それぞれの保育現場の保育の計画は，国が示す，幼稚園教育要領（以下，要領），保育所保育指針（以下，指針），幼保連携型認定こども園教育・保育要領（以下，教育・保育要領）に基づき作成され，保育の実践がなされているが，改訂（定）の方向性を見据えながら，2017（平成29）年3月に**同時告示**され，2018（平成30）年度から施行された。

同時告示

（1）幼稚園教育要領・保育所保育指針・幼保連携型認定こども園教育・保育要領の改訂（定）のポイントと解説

1）幼稚園教育要領の改訂のポイント[1]

　審議では，幼児教育において，育みたい資質・能力を「知識及び技能の基礎」「思考力，判断力，表現力等の基礎」「学びに向かう力，人間性

等」の３つに整理し，遊びを通しての総合的な指導を行う中で一体的に育み，これらの資質と能力の育成，教育内容の改善と充実に向けた内容の見直しが図られている。

　また，これらの育まれた育ちの評価のあり方については，「**幼児期の終わりまでに育ってほしい姿**」（次項目（２）参照）を明確にし，その方向性を踏まえて保育内容の改善が図られる。

> 幼児期の終わりまでに育ってほしい姿

２）保育所保育指針の改定のポイント[1]

　指針では，幼児教育の積極的な位置づけがなされようとしている。保育所保育においても，卒園時までに育ってほしい姿を明確にし，その姿を意識した保育内容の計画・評価のあり方などについて，記載内容を充実させる方向である。また，主体的な遊びを中心とした教育内容については，幼稚園，認定こども園との**整合性の確保**に努めている。

> 整合性の確保

　また，保育所保育指針の改定では，「保育の内容」を「乳児保育」「１歳以上３歳未満児の保育」「３歳以上児の保育」の３つに区分したことにより乳児および１歳以上３歳未満児の記載の充実が図られた。それは０〜２歳という時期が子どもの成長の中でもとても**重要な時期**であることが諸研究で世界的に明らかにされたからである。

> 重要な時期

　ここ数年，共稼ぎ家庭の増加に伴い０・１・２歳児における保育のニーズが高まってきているが，保育士の不足，保育施設の不足等で待機児童が増えてきているのが現状である。そこで国の施策としては，保育所設立の規制が緩和され，園庭のないビルの一室の保育所などが増えてきているのが現状である。そこで，認可保育所だけでなく認可外の保育所も含め保育の質を高めていくために，０・１・２歳児保育に関しての内容が充実され，この時期の「ねらい」と「内容」「内容の取扱い方」が明確に記載されたことで**質の向上**が期待される。また３歳以上の保育内容との接続が意識されることで０歳児から就学前までの**育ちの見通し**を持つことができるようになった。

> 質の向上
> 育ちの見通し

３）幼保連携型認定こども園教育・保育要領の改訂のポイント[1]

　教育・保育要領では，異なる背景を持つ子ども同士が共に生活する中

で，自己を発揮しながら互いに刺激し合い，育ち合っていく環境にあることを踏まえ，一人一人の乳児期からの**発達の連続性**とそれに応じた**学びの連続性**を押さえながら，子ども一人一人の育ちを確保していくことが大切である。

発達の連続性
学びの連続性

（2）幼児期の終わりまでに育ってほしい姿[2]

幼児期に育みたい資質・能力については中央教育審議会・教育課程において，「**知識及び技能の基礎**」（遊びや生活の中で，豊かな体験を通じて，何を感じたり，何に気付いたり，何が分かったり，何ができるようになるのか），「**思考力，判断力，表現力等の基礎**」（遊びや生活の中で，気付いたこと，できるようになったことなども使いながら，どう考えたり，試したり，工夫したり，表現したりするか），「**学びに向かう力，人間性等**」（心情，意欲，態度が育つ中で，いかによりよい生活を営むか）がまとめられた。これが環境を通して行う教育の中で育みたい3つの柱である。

知識及び技能の基礎

思考力，判断力，表現力等の基礎

学びに向かう力，人間性等

これらの「資質・能力」を具体的に育てようとする時に，どのような視点で保育をすすめていけばよいのかを示したものであり，5領域のねらいおよび内容に基づく活動全体を通して資質・能力が育まれている幼児の具体的な姿であり，保育者が指導を行う際に考慮するものである。

幼稚園・保育所・認定こども園の職員と小学校の教員が持つ5歳児修了時の姿が共有化されることにより，**小学校教育との接続**の一層の強化が図られることが期待されるものである。ただし，この「10の姿」は幼児期に100％完成をさせなければならないといったものではなく，到達しなければいけない目標ではないこと，また，個別に取り出されて指導するものではないことに留意が必要である。

小学校教育との接続

1）健康な心と体（領域「健康」に属す内容。生活の基本。）

> 園での生活の中で，充実感をもって自分のやりたいことに向かって心と体を十分に働かせ，見通しをもって行動し，自ら健康で安全な生活をつくり出すようになる。

２）自立心（領域「人間関係」に属す内容。幼児教育の中核的な部分。）

> 身近な環境に主体的に関わり様々な活動を楽しむ中で，しなければならないことを自覚し，自分の力で行うために考えたり，工夫したりしながら，諦めずにやり遂げることで達成感を味わい，自信をもって行動するようになる。

３）協同性（領域「人間関係」に属す内容。共同の目的を実現するため。）

> 友達と関わる中で，互いの思いや考えなどを共有し，共通の目的の実現に向けて，考えたり，工夫したり，協力したりし，充実感をもってやり遂げるようになる。

４）道徳性・規範意識の芽生え（領域「人間関係」に属す内容。思いやりとルールの理解が核になる。）

> 友達と様々な体験を重ねる中で，してよいことや悪いことが分かり，自分の行動を振り返ったり，友達の気持ちに共感したりし，相手の立場に立って行動するようになる。また，きまりを守る必要性が分かり，自分の気持ちを調整し，友達と折り合いを付けながら，きまりをつくったり，守ったりするようになる。

５）社会生活との関わり（領域「人間関係」に属す内容。家族や地域等とのつながりの意識が芽生えるようになる。）

> 家族を大切にしようとする気持ちをもつとともに，地域の身近な人と触れ合う中で，人との様々な関わり方に気付き，相手の気持ちを考えて関わり，自分が役に立つ喜びを感じ，地域に親しみをもつようになる。また，園内外の様々な環境に関わる中で，遊びや生活に必要な情報を取り入れ，情報に基づき判断したり，情報を伝え合ったり，活用したりするなど，情報を役立てながら活動するようになるとともに，公共の施設を大切に利用するなどして，社会とのつながりなどを意識するようになる。

6）思考力の芽生え（領域「環境」に属す内容。「なぜだろう，こうなのかな，こうしてみよう，きっとこうだ」を育てる。）

> 身近な事象に積極的に関わる中で，物の性質や仕組みなどを感じ取ったり，気付いたりし，考えたり，予想したり，工夫したりするなど，多様な関わりを楽しむようになる。また，友達の様々な考えに触れる中で，自分と異なる考えがあることに気付き，自ら判断したり，考え直したりするなど，新しい考えを生み出す喜びを味わいながら，自分の考えをよりよいものにするようになる。

7）自然との関わり・生命尊重（領域「環境」に属す内容。自然への親しみや畏敬の念を育み，あわせて，公共心，探求心等も養う。）

> 自然に触れて感動する体験を通して，自然の変化などを感じ取り，好奇心や探究心をもって考え言葉などで表現しながら，身近な事象への関心が高まるとともに，自然への愛情や畏敬の念をもつようになる。また，身近な動植物に心を動かされる中で，生命の不思議さや尊さに気付き，身近な動植物への接し方を考え，命あるものとしていたわり，大切にする気持ちをもって関わるようになる。

8）数量や図形，標識や文字などへの関心・感覚（領域「環境」に属す内容。日常生活で，数量・図形，文字等への興味や感心，感覚が養われるようにする。）

> 遊びや生活の中で，数量や図形，標識や文字などに親しむ体験を重ねたり，標識や文字の役割に気付いたりし，自らの必要感に基づきこれらを活用し，興味や関心，感覚をもつようになる。

9）言葉による伝え合い（領域「言葉」に属す内容。保育者の介入や，子どもと保育者の対話，絵本，物語等も活用する。）

> 保育者や友達と心を通わせる中で，絵本や物語などに親しみながら，豊かな言葉や表現を身に付け，経験したことや考えたことなどを言葉で伝えたり，相手の話を注意して聞いたりし，言葉による伝え合いを楽しむようになる。

10）豊かな感性と表現（領域「表現」に属す内容。様々な表現を楽しみ，自ら表現する意欲を発揮させることを目指す。）

> 心を動かす出来事などに触れ感性を働かせる中で，様々な素材の特徴や表現の仕方などに気付き，感じたことや考えたことを自分で表現したり，友達同士で表現する過程を楽しんだりし，表現する喜びを味わい，意欲をもつようになる。

2 保育の構造化と保育の内容

現行の幼稚園教育要領では，「幼児期の教育は，生涯にわたる**人格形成の基礎を培う**重要なものであり，幼稚園教育は，学校教育法第22条に規定する目的及び目標を達成するため，幼児期の特性を踏まえ，環境を通して行うものであることを基本とする」としており，幼児教育の基本を実現する際に「幼児の主体的な活動が確保されるよう幼児一人一人の行動の理解と予想に基づき，計画的に環境を構成しなければならない。この場合において，教師は，幼児と人やものとの関わりが重要であることを踏まえ，教材を工夫し，物的・空間的環境を構成しなければならない。また，幼児一人一人の活動の場面に応じて，様々な役割を果たし，その活動を豊かにしなければならない」[2]とされている。

〔余白：人格形成の基礎を培う〕

これらの，幼児教育の基本を生かした保育内容の構造を考えるには，「日々の保育実践の中で，子どもの主体性と保育者の意図，すなわち家庭教育ではない子ども同士の集団教育の場として保育者の**教育的意図**を含んだ保育内容をバランスよく構成する必要がある」[3]と述べられている。

〔余白：教育的意図〕

（1）保育内容「健康」の領域に関すること

近年の子どもの育ちをめぐる環境の変化に伴い，子どもが**健康な心とからだ**を育むための機会が減少していることが課題としてあげられている。幼稚園・保育所・認定こども園いずれの施設に通っていても，すべ

〔余白：健康な心とからだ〕

ての子どもが心身共に健康に育ち，その後の小学校以上の教育を円滑に受けていくための「学びの基礎」を培うことができる，質の高い幼児教育を提供するために，3法令が**同時改訂**（定）されたことは大変意義深いものである。

> 同時改訂（定）

幼児教育では，幼児期にふさわしい生活を通して，幼児が様々な経験をし，それを積み重ねていくことが求められている。以下に，具体的な教育内容の主なものを挙げ，解説することとする。

（2） からだを動かす気持ちよさを体験し，自らからだを動かそうとする意欲が育つ

乳幼児期は，身体の諸器官が**未発達の段階**にあるが，脳の発達を含め，神経機能の発達は幼児期で，すでに大人に近い形で発達する。そのために，運動は，神経系を中心としたバランス・タイミングを取る動き，すばしっこさ・巧みさを出せる動きといった**調整力**の要素が多く含まれる運動あそびを行い，いろいろな動作を獲得することが大切である。保育者（保育士，幼稚園教諭，保育教諭をいう）は，子どもがいろいろな動作を獲得していく場面をきちんと見守り，ほめたり励ましたりするかかわりが大切である。

> 未発達の段階

> 調整力

また，幼児は興味をもったことに熱心に取り組み，自分が納得するまで行う傾向が強いものである。そのために，幼児が興味をもてるよう，遊びの場（環境）を工夫し，構成し，幼児が**主体的に遊ぶ**ことができるようにすることが必要である。

> 主体的に遊ぶ

（3） 健康，安全な生活に必要な基本的な生活習慣を身につける

基本的な生活習慣を身につけるにあたり，園での生活経験と家庭での生活経験をよく把握し，その**実態に応じた対応**が求められている。園では，それぞれの家庭で身につけた生活習慣をもとに，集団生活に必要な生活習慣を身につけていくことが大切である。すなわち，「身につけるためには，「こうやりなさい」と大人が強制するのではなく，子ども自らが**やりたいという気持ち**を育むことが大切である」[4]と述べられている。「やりたい」，「できるようになりたい」という子どもの気持ちに，「でき

> 実態に応じた対応

> やりたいという気持ち

るかな」「すごいね」という**認めの関わり**を持つことで,できることへの喜びや満足感を実感する。これらが結果として,次の行動への意欲につながるのである。

【引用・参考文献】
1）幼保連携型認定こども園教育・保育要領の改訂に関する検討会「幼保連携型認定こども園教育・保育要領の改訂に関する審議のまとめ（案）」2016 年, https://www.mhlw.go.jp/file/05-Shingikai-12601000-Seisakutoukatsukan-Sanjikanshitsu_Shakaihoshoutantou/3_13.pdf（2016 年 12 月 20 日閲覧）
2）内閣府・文部科学省・厚生労働省『平成 29 年告示 幼稚園教育要領 保育所保育指針 幼保連携型認定こども園教育・保育要領〈原本〉』チャイルド本社,2017 年
3）小田 豊・榎沢良彦編『新しい時代の幼児教育』有斐閣,2002 年,pp. 203-204
4）無藤 隆編著『平成 29 年告示 幼稚園教育要領まるわかりガイド』チャイルド本社,2017 年,p. 46

まとめ

1 保育の実践は国が示す，幼稚園教育要領，保育所保育指針，幼保連携型認定こども園教育・保育要領に基づき作成されているが，改訂（定）の方向性を見据えながら，2017（平成29）年3月に同時告示され，2018（平成30）年度から施行された。

2 幼稚園教育要領の改訂では，幼児教育において育みたい資質・能力が「知識及び技能の基礎」「思考力，判断力，表現力等の基礎」「学びに向かう力，人間性等」の3つに整理された。

3 保育所保育指針の改定のポイントは，幼児教育の積極的な位置づけがなされようとしている点である。主体的なあそびを中心とした教育内容については，幼稚園，認定こども園との整合性の確保に努められている。

4 保育所保育指針の改定では，「保育の内容」を「乳児保育」「1歳以上3歳未満児の保育」「3歳以上児の保育」の3つに区分したことにより，乳児および1歳以上3歳未満児の記載の充実が図られた。

5 幼保連携型認定こども園教育・保育要領の改訂のポイントは，異なる背景を持つ子ども同士が共に生活する中で，自己を発揮しながら互いに刺激し合い，育ち合っていく環境にあることを踏まえ示されている。

6 幼児期の終わりまでに育ってほしい姿として「10の姿」が示された。ただし，幼児期に100％完成をさせなければならないといったものではなく，到達しなければいけない目標ではないこと，また，個別に取り出されて指導するものではないことに留意が必要である。

7 保育内容の構造を考えるには，日々の保育実践の中で，子どもの主体性と保育者の意図，すなわち家庭教育ではない子ども同士の集団教育の場として保育者の教育的意図を含んだ保育内容をバランスよく構成する必要がある。

8 保育内容「健康」の領域に関しては「からだを動かす気持ちよさを体験し，自らからだを動かそうとする意欲が育つ」「健康，安全な生活に必要な基本的な生活習慣を身につける」ことが大切である。

第2章
乳幼児のからだと発育・発達

1 発育・発達とは

　発育とは形態・重量の増加といった量的な変化を意味し，身長や体重が例としてあげられる。また発達とは生物・事物・事象が低い段階から高い段階へと向かう質的な変化を意味し，脳・心臓がこれにあたる。また発達はさらに生物学的発達と行動学的発達の2つに分けることができ，①**生物学的発達**（遺伝的要因）は例として細胞分化（さまざまな機能を持つ器官に分かれる）や運動機能などがあげられる。②**行動学的発達**（環境的要因）として言語能力や社会的能力などがあげられる。教育の分野では生物学的発達を成熟，行動学的発達を学習とよぶことが多い。さらに成熟とは生物学的変化のことで，性成熟・骨成熟など，成人の状態に達することを指す。発育期の区分をすると，①出生前：卵期（受精～2週まで）は細胞分裂が盛んに行われる。胎芽期（3～8週間）は細胞分化が盛んに行われ，組織・器官・系統の形成が進む。胎児期（9週～出生まで）は大きさ・機能が発育発達し，37～42週で出生が行われる。②出生後：1歳未満を乳児期，出生後から2週（14日）を早期新生児期とよぶ。また，出生後から4週（28日）は新生児期，1歳から6歳は幼児期とよばれている。

発育
発達

生物学的発達
行動学的発達

2 からだの成長

　子どものからだの成長については「**スキャモンの発育曲線**」がよく用いられるが，スキャモンはからだや臓器の**発達パターン**を4つの曲線で示している。これら4つの曲線は【一般型】【神経型】【生殖型】【リンパ

スキャモン
発達パターン

型】といい，成熟期を100％とした場合の成長度合をグラフにしたものである。

① **一般型**：身長・体重・胸囲や骨格・筋肉の発育に見られる型で，乳幼児期と思春期に発達の速度が速い。呼吸器・消化器・循環器・腎臓・脾臓・排泄器・大動脈などもこの型に属する。
② **神経型**：脳・脊髄などの発育に見られ，乳幼児期に著しく発育し，神経・眼球・頭囲などがこの型に属する。
③ **生殖型**：思春期に著しく発育し，生殖器・性腺に見られる睾丸・卵巣・前立腺・精嚢などがこの型に属する。
④ **リンパ型**：リンパ組織に見られ，学童期には成人の2倍近くになり，その後随時低下し，成人のレベルに達する。胸腺・扁桃・リンパ節などがこの型に属する。

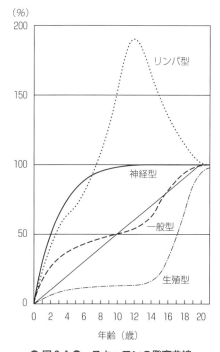

● 図2-1 ● スキャモンの発育曲線
出典：Scammon, R. E. et al., *The Measurement of Man*. Univ. Minnesota Press, 1930 を筆者一部改変

一般型
神経型
生殖型
リンパ型

乳幼児期は神経系の発達の速度が最も早い年代で，様々な神経回路が形成されていく大切な過程で，一度その経路が形成されるとなかなか消えることはない。たとえば，いったん自転車に乗れるようになったり水泳ができるようになると，何年間も乗らなかったり泳がなくとも，いつでもスムーズに乗ったり，泳いだりできることから理解することができる。

3 形態および体格指数

乳幼児の身体発育調査は1950（昭和25）年から10年ごとに厚生労働省で実施されている。この調査は乳幼児の身体発育値の基準値（体重・身長・胸囲・頭囲）を定め，個々の子どもの発育経過が順調であるかどうかの判断基準として健康指導の改善に大いに役立っている。

(1) 体重

　子どもの発育状態を知るために，体重はよい指標となる。定期的に測定することにより発育が順調であるかどうかの判断に役立つ。

　日本人の出生時平均体重は，2010（平成22）年で男児3.0 kg，女児2.94 kgである。男児のほうがやや重いがかなりの個人差がある。これは遺伝・母親の年齢・在胎時間・出生順位などに影響される。新生児の体重は生後3～5日頃に出生時よりも約150～200 g減少し，約1週間で出生時体重に戻る。これは新生児が飲む水分や哺乳量よりも皮膚・肺からの水分の発散・胎便・尿の排泄の重量のほうが多いためである。新生児期を過ぎると体重増加は著しく，その増加率は一生のうちで一番大きい。体重は栄養・健康状態などを知るための総合的な成長の目安となる。

(2) 身長

　身長は，体重と共に発育状態を知る重要な指標である。出生時の身長は，日本人の平均では2010（平成22）年で男児49.0 cm，女児48.5 cmである。身長の発育は乳幼児期に旺盛であり，とくに生後3ヶ月間の増加が著しく，生後1年間に20～25 cm増加し，約1.5倍になる。4歳児で出生時の2倍になり，12歳で3倍になる。身長の増加が著しい時期は，男児で13歳，女児で11歳頃である。

(3) 胸囲

　出生時の胸囲の平均は，2010（平成22）年で男児32.0 cm，女児で31.6 cmである。1年で男児は46.2 cm，女児は45.1 cmになり，6歳で男児は56.7 cm，女児は55.7 cmになる。胸囲の発育は身長と同じように栄養状態に影響される。

(4) 頭囲

　出生時の頭囲の平均は，2010（平成22）年で男児33.5 cm，女児で33.0 cmであり，胸囲より大きい。1年で男児46.2 cm，女児で45.0 cmとなり，6歳で男児は51.6 cm，女児は50.9 cmになる。発育速度は乳

幼児期に大きい。頭囲の変化はスキャモンの神経型を示し，新生児では胸囲よりも頭囲のほうが大きいが，1～2年で胸囲のほうが大きくなる。

(5) 発育指数

身体の独立した計測値と2つ以上組み合わせた指数を求めることにより，体型・栄養・発育状態を評価することができる。**カウプ指数・ローレル指数**は身長（Lcm），体重（Wg）を組み合わせた指数であり，次のように表す。

カウプ指数 カウプ指数 ローレル指数

$$カウプ指数 = \frac{Wg}{Lcm^2} \times 10$$

$$ローレル指数 = \frac{Wg}{Lcm^3} \times 10,000$$

カウプ指数は乳幼児期に，ローレル指数は学童期以降に用いられる。

4 骨の発達

ヒトの体格は骨格の発育で決まる。骨は骨の端にある軟骨が硬くなる（化骨）と同時にその上にまた軟骨が増える。これを繰り返すことにより，骨は長く・太くなり，身長の伸びにつながる。**化骨**とは軟骨が硬骨に置き換わることをいい，胎生期から始まり，出生後はとくに著しく，性成熟などと関わりが深いといわれている。

化骨

骨はヒトが生きている限り，壊されたり新しくつくられたりをくり返しながら生まれ変わっており，これを「骨のリモデリング」という。骨が古くなると骨を溶かす細胞が骨の表面を壊し，骨を作る細胞が骨を再生する。

ヒトの体は頭から足の先まで合わせると約206個の骨からできており，①体を支える，②外部の衝撃から心臓や肺などのやわらかい臓器を守る，③骨の内部にある骨髄で赤血球や白血球などの血液の基を作る，④筋肉と協力して体を動かす，⑤カルシウムを蓄える等の役割を持っている。

5 歯の発達

歯には乳歯と永久歯があり，上顎骨および下顎骨の歯槽突起に一列に並んでいる。**乳歯**は出生時には歯ぐき（歯肉）の中にすでに発育しており，成長に伴い乳歯から**永久歯**へと生え変わる。

乳歯
永久歯

歯の種類と数および上下顎におけるその配列を示すものを歯式という。乳歯は生後6，7ヶ月から生え始め，肉切歯，側切歯，第1臼歯，犬歯，第2臼歯の順に生える。満1歳頃で上下4本ずつとなり，2歳半から3歳頃に上下20本が生えそろう。また，5～8歳には永久歯の第1大臼歯が生え始め，その後，乳歯が脱落して永久歯が生える。最後に第2大臼歯，智歯（おやしらず）が生えて32本になる。

歯が生えるときには歯ぐきが赤くなったり，腫れたりして子どもが不機嫌になることがある。また，よだれが多くなったり指を口に入れたりするようになる。歯の生え方には個人差があり，生える時期も個人によって異なってくる。

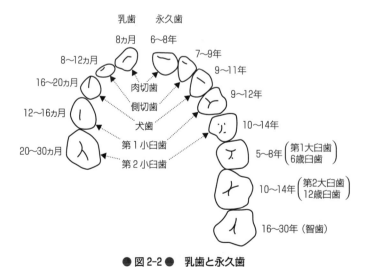

● 図2-2 ● 乳歯と永久歯
出典：前田如矢・福西睦子『育児と小児保健［改訂3版］』金芳堂，1992年，p.21

6 脳の発達

脳はヒトの胎生期に最もよく発育し，出生後発育も早く，7～8歳で成人の90％に達する臓器である。出生時の重量は，約350g（成人の4分の1）で，1年で800g，5年で1,100～1,200gになる。新生児は体重の約8分の1が**脳重量**で，成人は40分の1である。幼児は体に比して頭が大きく重いためにころびやすい。

脳重量

脳は図2-3のように量的に見ると，肺や心臓などの他の器官に比してきわめて早く発育するが，小脳や大脳新皮質などの機能はゆっくりと発達する。また，脳の各部位は一律に発育していくわけではなく，まず脳幹部，続いて大脳辺縁皮質や大脳基底核とよばれる**大脳**の中心部さらに小脳や大脳新皮質というように順次発育し，機能が充実していく。また6歳にいたるまでの大脳新皮質の発育を見ると，最初に運動をつかさど

大脳

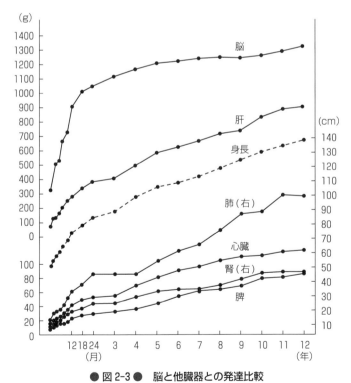

● 図 2-3 ● 脳と他臓器との発達比較
出典：Coppoletta, J. M., & Wolbach, S. B., Body length and organ weights of infants and children, *Am J Pathol*, 9(1), 1933, pp. 55-70

る部分，ついで感覚をつかさどる部分，最後に感覚と運動を連合する部分が続く。

　小脳は出生時には脳全量の6％であるが，9ヶ月頃より急速に発達し，10％となる。それ以後この比率をつづける。つかまり立ち，伝い歩きなどの運動の発達は，小脳の発達と並行してこの頃から活発になる。

小脳

運動機能の発達

　運動機能の発達はスキャモンの発達曲線に見られるように神経系の機能の発達に直接反映し，しかもその発達は筋肉や骨格等の身体構造の発育とも関連している。また，発達には，①頭から足へと発達が移行する，首がすわらないうちに歩けるようなことは起こらない，②身体の中心部が末梢部よりも早く成熟して機能を発揮することが多い，③粗大運動から分化した微細運動へと発達していく，また，**反射運動**から**随意運動**へと変化する，などの特徴が見られる。

反射運動
随意運動

　新生児期の発達は大脳皮質が未分化であるため，反射運動が中心である。この時期の運動には環境の影響がほとんど見られない。乳児期の発達は反射運動から随意運動への移行期であり，具体的には**モロー反射**は抱きつき，**吸い込み反射**は食べる，飲む，**把握反射**はいじる，まわす動作へとそれぞれ移行し，この時期は環境から受ける影響が大きくなる。幼児期の発達は歩行が可能になり，これに伴って様々な随意運動も可能となってくる。この時期における運動機能の発達は環境によって大きく影響を受ける。

モロー反射
吸い込み反射
把握反射

(1) 初歩的な運動

　初歩的な運動は誕生直後から2歳までの時期で意思や欲求が伴った随意的な運動であり，①姿勢保持のための**平衡系運動**，②自分の体を別の場所に移そうとする**移動系運動**，③自分の体以外の物体を操ろうとする**操作系運動**の3つに分けることができる。シャーレイ（Shirley, M. M.）は平衡系運動と移動系運動の発達が二足歩行に達するまでにどのような

平衡系運動
移動系運動
操作系運動

順序で発達するかを示した[1]。それによると，胎児姿勢は0ヶ月，あごをあげて頭を起こそうとする動作は生後1，2ヶ月，手を伸ばすがさわれないは3ヶ月，ささえれば座るは4ヶ月，膝の上に座る，ものを握るは5ヶ月，高い椅子に座る，ぶら下がったものをつかむは6ヶ月，一人で座るは7ヶ月，助ければ立っているは8ヶ月，家具につかまって立っているは9ヶ月，「はいはい」は10ヶ月，手を引けば歩くは11ヶ月，家具につかまり立ち上がるは12ヶ月，階段を上がるは13ヶ月，一人で立つは14ヶ月，一人で歩くは15ヶ月頃に見られるとしている。

（2）基本的な運動

幼児は1歳3ヶ月頃で2足歩行が可能となり，2歳2ヶ月頃に走ることが可能になる。さらに3歳になると走・跳・投の基礎的な運動が可能になるといわれている。体育科学センターは基本的な運動を平衡系・移動系・操作系の3つのカテゴリーに従って分類し[2]，この時期の子どもが，いかにバラエティーに富んだ運動を獲得していくかを示している。それによると，**平衡系運動**をたつ，たちあがる，さかだちする，わたるなどの姿勢変化，かがむ・しゃがむ，おきる，おきあがる，あるきわたる，ねる，ねころぶ，つみかさなる，くむ，ぶらさがる，まわる，のる，うく，ころがる，のりまわすなどの平衡動作に分類している。**移動系運動**をのぼる，とびあがる，とびおりる，あがる・とびのる，はいのぼる・よじのぼる，すべりおりる，とびつく，おりる，とびこすを上下動作，はう，すべる，ギャロップする，およぐ，はしる・かける・かけっこする，おう・おいかける，あるく，スキップ・ホップする，とぶ，ふむ，2ステップ・ワルツするの水平動作，かわす，もぐる，はいる，はいりこむ，かくれる，にげる・にげまわる，くぐる・くぐりぬける，とまるの回転動作に分類している。**操作系運動**をかつぐ，うごかす，つきおとす，ささえる，こぐ，なげおとす，はこぶ・はこびいれる，おこす，ひっぱりおこす，おぶう，おぶさる，もつ・もちあげる・おす，おしだす，あげる，おさえる，おさえつけるの荷重動作，おろす，かかえておろす，おりる，もたれかかる，うかべる，もたれるの脱荷重動作，つかむ，つかまえる，うける，まわす，とめる，うけとめる，つむ・つみあ

平衡系運動

移動系運動

操作系運動

げる，あてる・なげあてる・ぶつける，わたす，いれる・なげいれる，ふる・ふりまわす，ほるの捕捉動作，たたく，くずす，ひく・ひっぱる，つく，ける・けりとばす，ふりおとす，うつ・うちあげる・うちおとす，たおす，おしたおす，すもうをとる，わる，しばる，しばりつける，なげる，なげあげる，あたる・ぶつかるの攻撃的動作に分類している。

（3）遊びプログラム

筆者が開講したプレスクールにおける，2歳児の1年間の遊びプログラムの実践例を紹介する[3]。このプログラムの目的は，①**元気な子ども**の育成（からだが丈夫で，活発で，屋外で生き生きとして飛び回って遊ぶ子ども），②**すばやい動き**つくり（いろいろな運動あそびを通して脳神経系の発達に関係の深い，調整力，器用さを身につけさせる），③**よい仲間**つくり（幼児がグループあそび，ゲームあそびを通して仲間と協調し仲良くするこ

元気な子ども

すばやい動き

よい仲間

● 表2-1 ● 2歳児の運動あそびに関する習得率（％）

	性　　　別		男	女
マット	横ころがり	上向きに寝，両手を上に挙げて伸ばし，横に3回以上転がる。	30.5	100.0
	前ころがり	四つ足になり，頭を床につけて，前に転がる。	86.9	75.0
跳び箱	走り跳び乗り	小1段，大2段を，助走し両足で跳び乗り降りる。	60.9	38.9
	よじのぼり	手足を使ってよじのぼる。（大4段）	80.9	70.8
	跳び降り	台の上に立ち，両足をそろえて，跳び降りる。（大4段）	100.0	100.0
鉄棒	おさるさん	両手で鉄棒につかまり，足を床から離して，3秒間ぶらさがる。	100.0	100.0
	コウモリ	鉄棒に両手両足をかけて，3秒間ぶらさがる。	100.0	75.0
	ブタのまるやき	片逆手でつかまり，両足で鉄棒をはさみ，3秒間ぶらさがる。	85.7	67.1
	つばめ	鉄棒に跳び上り，腕立体支持で，3秒間静止する。	85.7	95.8
	足抜き回り	両手でぶらさがり，脚を腕の間を通し，後方へ転回する。	63.7	59.2
平均台	前向き歩き	3台の平均台を前向きに，歩いて渡る。（高さ20 cm）	73.0	50.9
	横向き歩き	3台の平均台を横向きに，歩いて渡る。（高さ20 cm）	100.0	100.0
ボール	0号ボール受け	1.5 m離れた所から投げられたボールを両手で受ける。	78.3	43.0
	0号ボール蹴り	静止しているボールを蹴る。	100.0	100.0
	ドンバーキャッチ	ボールを自分で床に落とし，跳ね上ってきたところを両手でつかむ。	39.7	26.8
その他	テニスボール投げ	テニスボールを1.5 m以上投げる。	100.0	100.0
	フープ・グーパー跳び	15個のフープをグーパーでリズミカルに跳ぶ。	78.3	63.4
	ハードル両足跳び	両足跳びで高さ15 cmのハードルを6個飛び越える。	65.2	43.0
	スベリ台梯子登り	梯子を登る。	100.0	100.0
	登り棒ぶらさがり	登り棒にぶらさがり，10秒間がまんする。	72.6	59.2
	吊り輪壁キック	吊り輪にぶらさがり，両足で壁を2回蹴る。	78.4	87.9

出典：三村寛一・中尾善弘ほか「幼児の体育カリキュラムに関する研究（第1報）―2歳児の体育あそびプログラムについて」『大阪教育大学紀要』第V部門第37巻第2号，1988年，pp. 341-350

と）である。2歳の幼児15名（3クラス）を対象に，1レッスン60分で週2回合計88回実施し，全てのレッスンの内容をビデオで撮影し，幼児の活動内容を分析した。なお，指導は年間指導計画に基づきベテランの専任指導者とそのアシスタントの2名で実施した。その結果，①跳び箱，平均台などの固定遊具あそび，ボール，なわとび，フープなどの移動遊具あそび，リトミックなどのリズムあそびの技能，技術を系統的に繰り返し練習できるようにした。②表2-1に示したように，**運動あそび** 21種目のうち，男児19種目，女児14種目が60％以上の習得率を示し，2歳児にとって妥当な遊びであることが明らかになった。

【参考文献】

1）Shirley, M. M., A longitudinal study of the first year, In Dennis, W. (Ed.), *Reading in child psychology*, 1951
2）体育科学センター「幼稚園における体育カリキュラムの作成に関する研究」『体育科学』8，1980年，p.150
3）三村寛一・中尾善弘ほか「幼児の体育カリキュラムに関する研究（第1報）―2歳児の体育あそびプログラムについて」『大阪教育大学紀要』第Ⅴ部門第37巻第2号，1988年，pp.341-350
4）井形高明・武藤芳照ほか編『新・子どものスポーツ医学』南江堂，1997年
5）石崎桂子・三村寛一ほか「幼児の体育カリキュラムに関する研究（第4報）―5歳児の体育あそびのプログラムについて」『大阪教育大学紀要』第Ⅴ部門第45巻第1号，1996年，pp.91-106
6）前田如矢・福西睦子『育児と小児保健［改訂3版］』金芳堂，1992年
7）三村寛一・門田理世ほか「幼児の体育カリキュラムに関する研究（第2報）―3歳児の体育あそびプログラムについて」『大阪教育大学紀要』第Ⅴ部門第39巻第1号，1990年，pp.111-119

まとめ

1 発育とは身長・体重のように形態・重量の増加といった量的な変化を意味する。また，発達とは脳・心臓のように生物・事物・事象が低い段階から高い段階へと向かう質的な変化を意味する。

2 スキャモンの発育曲線は体や臓器の発達を【一般型】【神経型】【生殖型】【リンパ型】の4つの曲線で示している。

3 身長・体重は子どもの発育状態を知る重要な指標であり，これらを基に体型・栄養・発育状態を評価することができる。また，カウプ指数・ローレル指数は身長，体重を組み合わせた指数である。

4 骨は，骨の端にある軟骨が硬くなり（化骨），同時にその上にまた軟骨が増える。これを繰り返すことにより発達していく。

5 歯には乳歯と永久歯があり上顎骨および下顎骨の歯槽突起に一列に並んでいる。乳歯は出生時には歯ぐきの中にすでに発育しており，成長に伴い乳歯から永久歯へと生え変わる。

6 脳は胎生期に最もよく発育し，出生後早い時期に完成する臓器である。また，脳は量的に見ると他の器官に比してきわめて早く発育するが，小脳や大脳新皮質などの機能はゆっくりと発達する。

7 乳児期の運動機能の発達は反射運動から随意運動への移行期であり，具体的にはモロー反射は抱きつき，吸い込み反射は食べる，飲む，把握反射はいじる，まわす動作へとそれぞれ移行し，この時期は環境から受ける影響が大きくなる。

8 初歩的な運動は平衡系運動・移動系運動・操作系運動の3つに分けることができ，基本的な運動はこれらの3つのカテゴリーに加え，バラエティーに富んだ運動を獲得していく段階である。

第3章

乳幼児の精神（こころ）の発達

1 精神的発達（こころの発達）

　乳幼児期の子どもの発達は様々な経路をたどりながらすすんでいくが，その道すじにはある一定の方向性の特徴がある。赤ちゃんの様々な欲求ごとによって異なる泣き方や，特定の人とのかかわりの時間が多い時期には人見知り（新奇性不安）や後追いをするようになる。また月齢を重ねていくと共同注意（指さし）や探索行動がはじまる。幼児期の頃には，見立てあそびや模倣あそび，そしてごっこ（役割）あそびなどができるようになる。このように乳幼児期には共通した**発達段階**ごとの特徴がある。したがって，子どもの発達段階ごとに現れてくる特徴を捉えることと，その子どもの発達がどの発達段階におおよそ位置し，どこに大きく向かおうとしているのかを理解することが必要である。しかし，発達の速度や方向性にはそれぞれ個人によって違いが生じ，その違いを考慮して発達段階を見ていくことも求められる。そしてその個人差は，それぞれの人間を貫く生まれつきもっている個性的な特性の（「性格」とは区別される）「**気質**」として，これから発達するために必要な人や環境などとの関わり方にも大きく影響してくると言われている[1]。

発達段階

気質

　乳幼児期の時間が，その人間の生涯を考えた時にとても大切であるということは，野生児と言われた「アヴェロンの野生児」や「オオカミに育てられた子」などの事例が教えてくれる。人間という環境からの接触を断たれた状態で乳幼児期を過ごし，その後人間による教育や療育が行われたとしても，人間が人間として営んでいくために必要不可欠な精神的機能の水準までは発達することが困難であった。それは，乳幼児期における人的な環境と発達段階に応じた適切なはたらきかけが人間には必要不可欠ということである[2,3]。

パーソナリティ（人格）の語源はラテン語のペルソナ（仮面）にあると言われている。〈わたし〉という存在と〈わたし〉が果たすべき〈役割〉として付与されたものとが関係し合いながら、自分というパーソナリティ（人格）が形づくられるのである[4]。私たちは、たとえば「保育者として」「母親として」「妻として」の〈わたし〉というように、様々な〈役割〉を果たしている。昨今の研究からは、遺伝と環境が相互的に作用し合いながら人としてのパーソナリティ（人格）が形成されていくことが明らかになってきた[5]。とりわけ、3歳までに基礎的なパーソナリティ（人格）が完成されるといわれるが、その形成過程においては子どもを取り巻く環境が強く影響する。しかし、何らかの養育上の問題や、からだやこころに関する障がいにより、発達につまずいたり、精神的な発達の遅れが生じる場合がある。上記で触れた「（発達の）個人差」と「発達の遅れ（偏り）」を見極めることはとても難しく、慎重に見ていくことが重要であり、それぞれに別の枠組みとして捉えていく視点が保育者には必要である。

医学的には生後28日までの赤ちゃんを新生児という。昨今の研究から、新生児に関する新しい視点が報告されている。さらには、母親のお腹にいる胎児の時からすでに一人の人間としての歩みがはじまっている、という認識も重要である。

生後3ヶ月頃〜4ヶ月頃の乳児の行動の一例として、手にとったものを口に入れて確かめたり、手で触れたものから興味をそそる音がするとほほえんだりすることがある。5ヶ月〜6ヶ月頃になると、おおむね首がすわる時期であり手や足の動きも多くなり、行動が活発になる時期である。その後、「ハイハイ」や「伝い歩き」などができるようになることで行動範囲がさらに広がってくる。0歳後半から1歳に近づく頃になると、親（他者）と同じテーマをもとに遊ぶことができるようになり、二項関係から三項関係へ

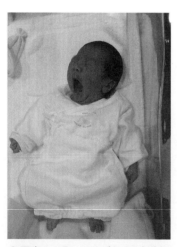

● 写真3-1 ● あくびをする新生児

●写真3-2● 生後4ヶ月頃の赤ちゃん

●写真3-3● 一人で立てる感動の瞬間

と発展する。この頃から，養育者の表情（情動）を情報として行動することができるようになる。これは「**社会的参照**」とよばれている。たとえば，知らない人が家に来て状況が飲み込めない中で，母親がどのようにその人に対応しているのかという情報を見て自らの行動を決定したりする。また，乳児期の親との関わりは情緒的な面だけでなく，認識の発達にも大きく影響するという[6]。1歳前後には一人で立つこともできるようになり行動範囲が一段と広がってくる。これは，自らがはたらきかける環境世界も広がることを意味しており，様々な情報との疎通によって精神的発達を促していく。またこの頃から，おおむね2歳前後にはじまる言語の使用の前段階と言われる「指さし」や「身振り」もでてくる。

社会的参照

そして2歳頃になると，これまでに親や保育者などから聞いてきた言葉をもとに単語を発するようになる。しかし概念化が未熟であるために言葉の意味を理解することは困難であるが，何度も単語を発することと，その意味が一致する経験を通じて言語能力を発達させていく。たとえば，「ブーブ」と「でんしゃ」の区別が曖昧な状態から，実物の自動車（「ブーブ」）と電車（「でんしゃ」）を見る経験と自らが発する言葉に一致性を覚えていくのである。

そしてその後，おおむね2歳～3歳頃の時期には，取り組むべきことに対して拒否反応を示すような**反抗期**をむかえる。子育てのなかにおいて大変な時期とも言われるが，この時期の幼児の自己主張が極端に強くなる理由の背景には**自我の発達**が深く関わっている。「イヤ」と他者からの要求を拒否したり，あるいは援助を拒んだりすることを通じて自分という存在をつくりあげようとしている時期なのである。周囲の大人は

反抗期

自我の発達

振り回されているように見えるが,「『行為』よりも『自我』の要求を受けとめることに重点を置くこと」[7]といった構えをもつことが重要である。

　4歳～5歳頃になると,他者の助けを必要とせずに,様々な物事に自ら取り組めるようになる。また想像（イメージ）する力が一段と発達し,行動の予測と結果がある程度できるようになる。秘密基地を仲間とつくったり,大人に見えないところでの活動をひそかに実行できるようになる。しかしながら,まだ幼児期特有の「**自己中心的**」な特徴があり,自分中心の視点で物事を判断する（認知する）傾向がある。その後は,様々な経験を通じて,少しずつ他者の視点を自己のなかに取り入れることもできるようになってくる（脱中心化）。

　この頃の幼児期後期に不可欠な「幼児教育」は,とくに小学校以降の土台として重要であり,「学習する」ための基盤となることが認められている。またその前段階である乳児期においても,（人を含めた）環境との積極的な関わり合いは「学びの芽生え」[8]として,その後の幼児期へと接続されていく。

　子どもの発達には,精神的発達の視点だけでなく人格や気質,そして多くの時間をともに過ごす人（親や保育者）を含めた環境などが複合的に関係しており,発達を捉える多角的な視点をもつことがとても重要である。

自己中心的

2 知的能力の発達

　昨今,乳児に関する研究から新生児の視力は0.02程度あることや,大人の顔や声に注意がいくなどの報告がされている[9)10]。乳児は環境世界に積極的にはたらきかけ,またそのはたらきかけに対して環境世界から「何らか」の応答がある。これをきっかけに乳児は**探索活動**をはじめるのである[11]。親や保育者といった存在も応答する重要な環境世界である。乳幼児期の**認知・思考の働き**を学ぶ上で,**人と環境の相互的な関係性**を土台に乳幼児の知的発達を考えた有名な**ピアジェ（Piaget, J.）**の「**認知発達論**」がある。ピアジェは,人間の精神発達を4段階にわけて

探索活動

認知・思考の働き
人と環境の相互的な関係性
ピアジェ（Piaget, J.）
認知発達論

考えた。本章では，その中でも乳幼児期の感覚運動的知能段階（出生〜1歳半あるいは2歳）と，前操作的知能段階前期の「象徴的思考段階」（1歳半あるいは2歳〜4歳）と，後期の「直観的思考段階」（4歳〜7歳）の2つに分けて解説する。

（1） 感覚運動的知能段階（出生〜1歳半あるいは2歳）

出生から2歳頃までは，感覚と運動を繰り返しながら行動する「**感覚運動的**」な段階である。新生児の行動の大半は反射的運動からはじまり，外界である環境世界にはたらきかけ，そして環境世界からのはたらきかけに対して自らも応答していくことができるようになる。ピアジェによれば，乳幼児の時期は知覚と運動が相互に影響しあい，様々な環境との関係性のなかで「行動様式（シェマ）」が形づくられていくという[12]。つまり，「どのように環境世界を見ているか（見るか）」ということと，「どのように自らが動くのか」ということは深く関係しているということである。以下，ピアジェの理論の0歳〜2歳までの乳児と環境との関わりをみていく（表3-1参照）。

生後1ヶ月頃までの赤ちゃんは，母親のお腹にいた頃から「吸う」という行動形式をもっており，生まれてすぐ母親の乳首を吸うことができる。また，生後1ヶ月頃〜4ヶ月頃には，生後経験した行動形式である

● 写真3-4 ● 自分の手・足を動かしながら遊ぶ様子

● 表3-1 ● ピアジェによる認知発達の段階（感覚―運動期0歳〜2歳）

段階	下位段階	おおよその年齢	特徴
感覚―運動期	第1段階 （生得的なシェマの同化と調節）	0〜1ヶ月	赤ちゃんは胎内にいるときから，唇にふれるものをくわえ，吸おうとする行動様式（シェマ）をもっている。
	第2段階 （第1次循環反応）	1〜4ヶ月	手や足をバタバタさせるといった自分の身体に関して経験した反応を繰り返す段階である。
	第3段階 （第2次循環反応）	4〜8ヶ月	ベッドの柵を蹴って柵につけてあるモビールを揺らそうとするなど自分の外部に興味あることがらを見つけ，それを再現しようとする。
	第4段階 （2次的シェマの協応）	8〜12ヶ月	1つの結果を得るために，2つの別個の行動様式（シェマ）を組み合わせることができる。
	第5段階 （第3次循環反応）	12〜18ヶ月	外界に対し，いろいろはたらきかけて，その結果を見ようとする行為がみられる。
	第6段階 （洞察のはじまり）	18ヶ月〜2歳	活動に移る前に状況を考える。

出典：無藤 隆・岩立京子編著『乳幼児心理学』北大路書房，2009年，p.37を筆者が一部改変し作成

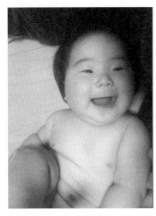

● 写真3-5 ● 生後5～6ヶ月頃の乳児

手や足を組み合わせて動かすことができるようになる。そして，他の赤ちゃんにも興味を示すようになり，大人の話し声にも注意がいくようになる。生後4ヶ月頃～8ヶ月頃になると，首がすわる時期でもあり，新しい行為が出てくる。たとえば，（赤ちゃんが）寝ている布団から見上げる視界（空間）の中には「天井」とその間にある「玩具」がある場合，距離や空間を認知する能力はまだ備わっていないが，その「玩具」が偶然手にあたり，次の瞬間に手にとってみる。そしてその手に取った「玩具」を振ってみる。すると何か「興味をそそる音がする」。このように，この頃の乳児は偶然的にできた行為を何度も何度も繰り返しながら新しい行動様式をつくっていくのである。8ヶ月～12ヶ月頃になると，目標（やりたいこと）と手段（やりたいことのためにするべきこと）を組み合わせて結果を得ることができるようになる。たとえば，何か欲しいものを手にとるためには，それを遮るものをあらかじめ排除して欲しい物を手に取ることができる。この頃から，知能（**知的好奇心**）が芽生える時期である。12ヶ月～18ヶ月頃には，自ら環境世界にはたらきかけ（能動的），これまでの経験をもとに，新しい手段を見いだそうとするのである。写真3-6のように，背丈がとどかない洗面台で手を洗いたい時には，普段自分が座っている椅子を洗面台の下に運び自分で手を洗うことができるようになる。そして18ヶ月頃～2歳頃になると，行動する前に状況を考えることができるようになり，「洞察」がはじまる時期である。

知的好奇心

● 写真3-6 ● 椅子を台にして手を洗う幼児

以上のように，乳幼児は人的要因を含む環境世界との相互的関係性を感覚運動的に活動しながら知能の基本（**思考力**）を獲得していく。

思考力

(2) 前操作的知能段階の象徴的思考段階（1歳半あるいは2歳～4歳）

1歳半あるいは2歳～7歳までの時期になると，言葉を用いて思考したり，頭の中でイメージしたりできるようになる。この時期を「**前操作期**」といい，その前半である1歳半あるいは2歳～4歳までの時期を「**象徴的思考段階**」とピアジェは名付けた。

象徴的思考段階の幼児の特徴の1つとして，言語が使えるようになり，大人が使用している単語をまねしたりできるようになる。そして，ものを何かに見立てて遊ぶ「見立てあそび」や，何かの役を演じて遊ぶ「ごっこあそび」，2歳後半頃になると，見えないものと遊ぶ「ふりあそび」がはじまる。しかしまだ，この時期の象徴的思考は概念化が正しくできていないため推理や演繹などを行うことは困難である。

前操作期

象徴的思考段階

(3) 前操作的知能段階の直観的思考段階（4歳～7歳）

次に4歳～7歳頃は「**直観的思考**」と名付けられており，象徴的思考の頃よりも概念化が発達し，大人の思考に近づいてくる。しかし，知覚対象（見たもの）に思考が基づいており一貫性を欠いているため，直観的（思考）であると考えられている。たとえば，同じ量のジュースが入っている2つの同じコップがある。一方のコップのジュースを違う形をしたコップに移し替える。（決してジュースの量は変わらないのだが）見た目が多く感じる方のコップにジュースがいっぱい入っていると考えるのである。そしてその「直観的思考」はいつも，自分の活動を中心に思考する，この頃の子どもの特徴である「**自己中心性**」とも深く関係している。

直観的思考

自己中心性

● 表3-2 ● ピアジェによる認知発達の段階「象徴的思考段階（1歳半あるいは2歳～4歳）」・「直観的思考段階（4歳～7歳）」

段階	下位段階	およその年齢	特徴
前操作期	象徴的思考段階（前概念的思考段階）	2～4歳	見立てあそびやふり遊び，目の前にいない人の真似（延滞模倣）などが活発にみられる。言葉の使用がはじまるが，この時期の思考には（大人の概念にみられるような）抽象性や一般性がない。
	直観的思考段階	4～7歳	前概念的思考段階に比べると，この段階では大人の思考に近い概念を用いることができるようになる。しかし，思考はものの外観によって影響を受けやすく，一貫性を欠くため「直観的」であるとみなされている。

出典：無藤 隆・岩立京子編著『乳幼児心理学』北大路書房，2009年，p.37を筆者が一部改変し作成

3 社会性の発達

子どもの**社会性の発達**は，これから人と関わりをもちながら社会で生活していくうえで欠くことのできない大切なものであり，**人間関係**と密接に関連している。

赤ちゃんは生後間もなく，嬉しいとか楽しいとかいった場面ではないのにほほえんだりする（自発的微笑）。これは生理的な反応が原因といわれている。生後3週頃〜2ヶ月頃になると，大人の微笑みに対してほほえみかえすことができるようになる（社会的微笑）。そして5ヶ月頃を過ぎると，特定されたものへほほえむようになり，親しい人とそうでない人を特定することができるようになり，**アタッチメント（愛着）**が形づくられていく。アタッチメント（愛着）とは，特定された他者との「情緒的絆」であり，また「自らが"安全であるという感覚（felt security）"を確保しようとするところに多くの生物個体の本性があるのだと考えている」[13]とある。エリクソン（Erikson, E. H.）によれば，生後から2歳頃までに，大人との関わりのなかで「**基本的信頼感**」を築いていくのである[14]。この頃の発達段階の代表的な例をあげると，「人見知り」「分離不安」「後追い」などがある。しかしそれは，しっかりと愛情を受け取った上で認識の発達がすすんでいるという証拠でもある。

●写真3-7● 生後6ヶ月頃のほほえみ

2歳頃になると，イメージする力が発達して寝たふりなどをする「ふりあそび」や，ものを何かに見立てて遊ぶ「見立てあそび」ができるようになる。しかしまだ他者と関わりながら遊ぶことが難しく，写真3-8のように一人の世界で遊びを展開する「一人あそび」が多い時期でもある。

3歳頃になると仲間と関わる機会が多くなることに伴い，様々な遊びの形態が発生してくる。

社会性の発達

人間関係

アタッチメント（愛着）

基本的信頼感

写真3-9のように他者と同じ空間で遊んでいるが、それぞれに異なる世界で遊びを展開する**平行（並行）あそび**や、4歳頃になると、他者と目的を一緒にして分担しながら協力する「**連合あそび**」ができるようになる。さらに5歳頃になると、集団という組織化されたなかで個々の役割を決めて、自分たちでルールや遊び方を考えたり、あるいは新しい遊びを発明したりといった「**共同あそび**」へと遊びを発展させていく。

　子どもは他者の行動などを理解するために「**心の理論**」をつくっていく。おおむね4歳頃にできあがる心の理論は、1歳頃からその根っことなるものが芽生えはじめる。とくに、家庭内における親との会話の豊富さや、さらには、年長児期の子ども同士での話し合いなどの経験により、他者の心を理解したり、あるいは自己の心の動きを確認したりと、自他の心の動きを理解するために大切な土台づくりの必要性が指摘されている[15]。

　子どもの社会性は、家庭のなかでの養育者（親）を含めた家族、そして保育所、幼稚園、認定こども園等での大人や仲間、そして生活している地域の人たちとの関わり合いの中で発達していくものである。また、年代に応じて基本的な生活習慣が習得されるためには、周囲の大人の教育や支援、そして躾（しつけ）が必要不可欠である。とくに乳幼児期の子どもは身近な存在である、養育者（母親）の行動を見本とする模倣学習（モデリング）を通してあらたな行動を学んでいく。

　昨今、ICT（情報コミュニケーション技術）の爆発的な進展により、人対人のコミュニケーションの形態が大きく変容し、社会が求める子どもへのコミュニケーション能力の質も様変わりしてきている。それは同時に、子どもの社会性の発達にも影響し、さらには人間性をもゆるがすような深刻な問題につながっている。したがって、変化する社会的状況に対応できる力を備えた上で、保育の専門性や技術力をもとに、柔軟に子どもや家庭を支援・援助できる保育者がますます求められているのである。

平行（並行）あそび

連合あそび

共同あそび

心の理論

● 写真3-8 ● 一人あそび

● 写真3-9 ● 平行（並行）あそび

【引用・参考文献】
1）内田伸子編『よくわかる乳幼児心理学』ミネルヴァ書房，2008 年，p.60
2）イタール，J.M.G.，中野善達・松田 清訳『新訳 アヴェロンの野生児』福村出版，1978 年
3）ゲゼル，A.，生月雅子訳『狼にそだてられた子』家政教育社，1967 年
4）坂部 恵『仮面の解釈学［新装版］』東京大学出版会，2009 年
5）伊藤健次編『保育に生かす教育心理学』みらい，2008 年，pp.84-96
6）松本博雄・常田美穂ほか『0123 発達と保育―年齢から読み解く子どもの世界』ミネルヴァ書房，2012 年
7）前掲書6）p.151
8）無藤 隆「幼稚園・保育所の幼児教育とは何か―現場と政策と研究の狭間に立って」『幼年教育研究年報』第 35 巻，2013 年，pp.5-13
9）山口真美『赤ちゃんは世界をどう見ているのか』平凡社，2006 年
10）山口真美・金沢 創『赤ちゃんの視覚と心の発達［補訂版］』東京大学出版会，2019 年
11）ピアジェ，J.ほか，森 楙訳『遊びと発達の心理学』黎明書房，2013 年
12）ピアジェ，J.，波多野完治・滝沢武久訳『知能の心理学［新装版］』みすず書房，1998 年
13）数井みゆき・遠藤利彦編著『アタッチメント 生涯にわたる絆』ミネルヴァ書房，2005 年，p.1
14）エリクソン，E.H.，仁科弥生訳『幼児期と社会Ⅰ』みすず書房，1977 年
15）佐久間路子「乳幼児期の社会情動的発達研究の動向と今後の展望―保育・幼児教育との関わりから」『教育心理学年報』Vol.46，2007 年，pp.46-54
16）小川圭子編著『新・保育と環境［改訂新版］』嵯峨野書院，2022 年
17）三村寛一・安部惠子編著『保育と健康［改訂版］』嵯峨野書院，2013 年，pp.23-28

まとめ

1 子どもの発達は様々な経路をたどりながらすすんでいくが，その道すじにはある一定の方向性の特徴がある。周りの大人は，関わる子どもが今どの発達段階にあるのかをしっかり把握することが大切である。

2 0歳児からも積極的に環境にはたらきかけて，環境側から何らかの応答を得ている（知覚）。この（人的要因も含めた）環境側からの「応答」が，乳児の探索活動のきっかけでもあり，認知・思考の発達にも深く関わっている。

3 乳幼児期には，親や保育者などの人的環境との適切な関わりが重要であり，その個人の気質や生活する環境，心理面や身体面など，すべてが影響しあい精神的発達がすすんでいく。

4 幼児期には，見ている世界に支配される「自己中心的」な思考で認知が行われる。その後，様々な経験を通じて，他者の視点を踏まえた客観的認識ができるようになる。

5 乳児期の安定したアタッチメント（愛着）は，その後の生涯を通じて存続されるとても大切なものであり，他者に対する信頼感とも深く関わっている。幼稚園や保育所，さらには小学校生活での自律的で活発な活動を下支えするものでもある。

6 子どもは，様々な人との関わりを通じて社会性を発達させていく。とりわけ，子どもの活動の多くである遊びは，「一人あそび」「平行（並行）あそび」「連合あそび」「共同あそび」というように，仲間との関わりあいの変容，つまり社会性の発達にともない遊ぶ形態も発展していく。

7 子どもを取り巻く環境が多様化する中で，学ぶための土台づくりを担う「幼児教育」や「保育」の意義が再認識されるなか，専門性を備えた柔軟な保育者の社会的役割がいっそう高まってくる。子どもの周囲にいる大人は，子どもの成長に寄り添いながら支援し，そしてよき見本として子どもの社会性の発達を促していくことが必要である。

第4章
乳幼児の生活習慣の形成と指導

1　基本的生活習慣

　乳幼児の基本的な生活習慣とは，生活に必要な活動が自分でできるようになることである。積極的に身につけて自立してほしい生活習慣として睡眠，食事，排泄，着脱衣，清潔があげられる。生活習慣は「生命を維持し健康に生活するために必要な習慣」であり，子どもが家庭・保育現場，その他において実践することで「社会性」を育てることにもつながるものである。

　基本的な生活行動として毎日，周期的に起床，食事，排便，遊び（運動），休憩，就寝を行っている。これを生活リズムとよぶ。幼児期には，基本的な生活行動も含めて生活習慣を身に付けていくようにしたい。

　保育者として基本的生活習慣を形成するためには乳幼児についての十分な理解と適切な援助が必要である。乳幼児が自発的に毎回行うことができるよう無理強いをせず発達段階に応じて興味，関心を引き出しながら指導をすすめる必要がある。

　幼稚園教育要領，領域「健康」[1]の内容では「基本的な生活習慣の形成に当たっては，家庭での生活経験に配慮し，幼児の自立心を育て，幼児が他の幼児と関わりながら主体的な活動を展開する中で，生活に必要な習慣を身に付け，次第に見通しをもって行動できるようにすること。」と記されている。

　教育の原点である家庭教育が家庭環境や地域環境の変化する中，子育てについての不安や孤立を感じ，社会性や自立心などの子どもの育ちや基本的生活習慣に課題を抱える家庭が多く見られるようになってきた。生活の中で自然に行われる教育的な営みが難しくなっている。幼児の生活習慣を整えるためには，保育現場と家庭，社会との連携が必要な時代

幼稚園教育要領

になってきていると言える。

2018（平成30）年文部科学省の**第3期教育振興基本計画**には，「子供の基本的な生活習慣の確立に向けた支援」が組み込まれている。

第3期教育振興基本計画

食事の自立

生活習慣を形成する重要な要素に食習慣がある。食事から栄養を補給することは，からだの発育が著しい時期の子どもにとって，健康面や発育・発達という面においても大切である。身体活動を十分に行い，からだの発育・発達に必要な栄養を摂取できるように心がけたい。

乳幼児期には，味，におい，食感，形，色などが五感を刺激し食べる意欲や精神的な発達を促す。9ヶ月頃から見られる「手づかみ食べ」から，2〜3歳未満では「遊び食べ」などがあり（小野ら，2017）[2]，4歳を過ぎると自立して食べられるようになる。望ましい食事の自立，適切な生活リズムの形成がなされるように，場所，時間，回数を決め栄養バランスの取れた食事を正しいマナーで食べられるように育てたい。

近年，**個食**，**孤食**，**欠食**，**偏食**，過剰なおやつ摂取といった食行動も問題になっている。個食，孤食とは，家族がそれぞれ個別に異なった食事をすることや，子どもが一人で食事をとることを指し，孤独な状態で食べることをいう。欠食とは，近年幼児にも増加している朝食を食べないということを指すことが多い。生活リズムが夜型化し，遅い夕食，深夜のおやつ，遅い就寝時刻による起床時刻の遅れから朝食摂取の時間がないことが原因の1つだと考えられる。偏食とは，ある特定の食品に対する好き嫌いがはっきりしていて，しかもその程度がひどいことである。おやつについては，成人と比較して，子どもの体重当たりの食事摂取基準は高く，消化機能が未発達であることから，食事と食事の間のおやつは栄養の面からも必要であると考えられている。しかし，量や内容に注意し，昼食・夕食に影響が出ないよう気を配ることや，栄養の面も考慮し，肥満につながらないように心がけることも必要だと考える。また，特定の食材に対して**アレルギー反応**を起こす子どもも多くみられ様々な

個食
孤食
欠食
偏食

アレルギー反応

対応が必要である。

　食事は，からだにとって，味わいながら楽しい雰囲気で食べることが大切であり食物への興味，関心も高めると言われている。会話をはずませコミュニケーションをとりながら食べることも指導としては重要である。みんなで食卓を囲み，その日あったことがらなどを話しながら食事をする，食事から礼節を学ぶなどは，子どもの心や体の健康にとって望ましいことである。食への関心を高めるために，簡単な調理の手伝いをしてもらう，片づけをおこなうなど，子どもが食との関わりを多く持つ工夫も考えたい。

　近年，食育が重要視され「食べ物への興味や関心をもつ」が教育要領にも付け加えられている。日本の**和食が世界無形文化遺産に登録**されたことなど，日本食のよさや魅力を再認識するように，食文化の意味を知らせることが食に興味をもたせることにつながるだろう。

　その他にも，幼児の噛む力が弱くなっているといわれている。しっかりと咀嚼することで，食べ物の消化吸収が良くなり味覚や顎や歯の発育もよくなり，脳も育まれるとされている。よく噛んで食べることも習慣づけたい。

> 和食が世界無形文化遺産に登録

3 排泄の自立

　乳児期の排泄は，**反射的で不規則**，回数も多く，1日15〜20回ともいわれる。1歳半を過ぎると予告ができるようになり，2歳くらいには「おむつ」もとれるとされている。「おむつ」を取りかえることで快・不快の皮膚感覚が育ち，排泄での不快を知らせるようになるともいわれている。近年は「紙おむつ」の普及により皮膚感覚が育ちにくくなっていることも一因で排泄の自立が遅くなっているようである。

　2歳後半になると個人差はあるが自分の意志で排泄ができるようになる。排泄には情緒的な面も影響するため，保育者と信頼関係を持ち安心して排泄できるようにする，トイレを清潔で明るい雰囲気にするなどの工夫をすることも必要である。その頃[3)]にはトイレの使用方法の指導も

> 反射的で不規則

● 表 4-1 ● 月齢別おしっことうんち

	おしっこ	うんち
0ヶ月	1日15〜20回 1回量はごくわずか。	15回近くすることもある。 徐々に回数は減ってくる。
1〜4ヶ月	強く泣いたり体を動かしただけでも腹筋に力がかかって反射的におしっこがでる。	個人差が大きいものの，ミルクの赤ちゃんは回数が少なめになる傾向がある。
5〜6ヶ月	1日10〜15回 6ヶ月ごろから，昼寝のときや夜間のおしっこが減る。	1日2〜4回 離乳食開始直後は，一時的にゆるくなったり逆に便秘気味になることもある。
7〜8ヶ月	おしっこが出ると，泣いてサインを送るようになり始める。	食べ物により，色や硬さが変わったり，食べたものがそのまま出ることもある。
9〜11ヶ月	9ヶ月ごろから，昼間の回数が減り，1回の量がぐっと増えてくる。	離乳食が進むにつれ，うんちは硬くなり，色も黄色から茶褐色になる。
1〜2歳	1日10回 一晩中おしっこをしない日が増えてくる。	1日1〜3回 うんちをする時間帯がほぼ決まってくる。色，硬さ，においも大人に近づく。
2〜3歳	1日7〜9回 おしっこが出たあとで，おむつやパンツを気にするそぶりがでてくることもある。時々，出る前や出たあとに教えることもある。	1日1〜2回 うんちをするとき，物陰に隠れたり，じっとしている様子が見られるようになる。時々，出る前や出たあとに教えることもある。
4〜5歳	1日5〜6回 トイレまで我慢できるようになる。	1日1〜2回 トイレまで我慢できるようになる。

出典：花王メリーズサイト資料「赤ちゃんとママ・パパのための情報—赤ちゃんのうんち 月齢別おしっことうんち」より筆者作成，https://www.kao.co.jp/merries/babycare/unchi/01/（2024年12月1日閲覧）

必要である。排泄がしやすくなるように保育者が心がけることで排泄の自立を促していくことが求められる。

昼間の排泄がほぼ自立してきても，おねしょ（夜尿）や，おもらし（夢中粗相）は幼児期によく見られる。個人差や子どもの特性を理解し根気よく見守っていくことが必要である。5歳を過ぎても排泄に問題がある場合は，機能的な疾患も念頭に受診を検討する必要性があることを知っておくとよい。

4 睡眠の自立

睡眠には，「睡眠—覚醒のサイクル」があり，一定の時刻がくると自然に眠くなり，一定時間眠ると自然に目が覚めるというものである。

睡眠は心身の疲労をとるだけでなく，大脳の代謝，**記憶の定着**といっ

た大切な処理も行っている。睡眠は人間の成長や健康維持に重要な役割を果たしている。

　科学の進歩が目覚ましい近年において，生活は大きく変化し夜型の社会になってきている。日本は，**世界でも有数の遅寝の社会**[4]であるという，統計が発表されている。これは，成人対象の統計であるが，子どもにも波及しており，**午後10時過ぎに就寝する幼児**が大阪で50％近く，高知では60％，沖縄では70％近くにもなっていると報告されている[5]。乳幼児には，できるだけ太陽の動きに合わせた生活リズムを大切にし，夜間に少なくとも10時間の連続した睡眠時間を確保することが必要だといえる。睡眠リズムを規則正しくするための方法として，日の出の時刻には起き，しっかりと陽光刺激を受け，午前と午後に戸外あそびを行う等があげられる。十分に身体を動かし遊ぶことで寝つきがよくなり健康的な生活リズムが確立され生活習慣として定着するといわれる。入眠時には部屋を暗くする，決まった時間に消灯し一人で寝ることができるようにする，健康的な生活リズムが営まれるよう「**早寝早起き朝ごはん**」[6]を推奨するなど家庭に働きかけたい。

● 表4-2 ● 各年代にとって望ましい睡眠時間

	推奨	許容範囲
新生児（0〜3ヶ月）	14〜17時間	11〜19時間
乳児（4〜11ヶ月）	12〜15時間	10〜18時間
幼児（1〜2歳）	11〜14時間	9〜16時間
就学前児童（3〜5歳）	10〜13時間	8〜14時間
学童（6〜13歳）	9〜11時間	7〜12時間
前思春期（14〜17歳）	8〜10時間	7〜11時間

出典：Paruthi S., Brooks L. J. et al., Recommended amount of sleep for pediatric populations: A consensus statement of the American Academy of Sleep Medicine, *J Clin Sleep Med*, 12, 2016, pp. 785-786

> 世界でも有数の遅寝の社会
> 午後10時過ぎに就寝する幼児

> 早寝早起き朝ごはん

5 衣服の着脱の自立

　衣服を身にまとうことの本来の意味は，寒暖の調整や身体を保護し健康を保つことである。一人で衣服を脱いだり着たりできるようになることは基本的生活習慣の形成であり，好みの服を身に付けるなど**個性**や**自己表現**にもつながっていく。

　衣服の着脱については，子どもは，まず脱衣の方が先に発達し（池田，2017）[7]，2歳頃から自分一人で脱ぐことができるようになる。3歳頃には，自分で脱ぐことだけでなく，着ることについても一人で行おうとする気持ちが育ってくる。着脱への自立を促すために，ボタンやファスナーのないシンプルな服を選んで，自分で「できる」という気持ちをもた

> 個性
> 自己表現

● 図 4-1 ● ズボン，靴下のはき方スナップの止め方
出典：玉井美知子「育ち合い—基本的な生活習慣の自立をめざして」
『日本教材文化研究財団研究紀要』37，2007 年より引用・改変

せながら着がえを行うことや，何度も繰り返し行いできるだけ手出しをしないで見守ることが必要である。それにより，**身だしなみ**を整えるという意識も育てていく。玉井[8]（2007）によれば，小学校に入学するまでに一人で着たり脱いだりができ，その後の整理，整頓もできるようになることが望ましいとある。

身だしなみ

6 清 潔

　身のまわりを清潔に保つことは，発育・発達が著しく新陳代謝が活発である乳幼児にとって大切な習慣である。
　近年，清潔についての意識は高くなっていると言われている。除菌製品，滅菌製品が生活用品として多く出回っており，TV コマーシャルを

見ても，視覚的に菌を登場させ，菌の心地悪さを強調することで除菌の必要性をあおっていると感じられるものが多くみられる。季節ごとに流行がみられる**伝染性の病気**に対しての予防としては，身のまわりを衛生的にし除菌を心がけることは大切である。子どもの健康のためには，しっかり身体を動かし汗をかく運動あそびを行い，体力・運動能力などをつけ**自律神経**や**汗腺機能**も鍛えることも必要である。汗をかくことで，汗ふきと着替えが必要であることや身体を清潔にすることは気持ちがいいと経験していくことで清潔についての意識が高まるように指導していく。爽快感を幼児に感じさせることは清潔に関する習慣の早期形成につながる。

　入浴，手洗い，歯磨き，洗顔，うがいなどたくさんの清潔習慣がある（岸井ら，2010)[9]。幼児にとっては難しい動作も多くみられるが手助けや補助をしながら自分でできるように行わせていく。保育者が子どもの前でやってみせ，繰り返し教え，うまくできればほめるなど根気よく見守り習慣づけていくことが大切である。

伝染性の病気

自律神経
汗腺機能

【引用・参考文献】
1）内閣府・文部科学省・厚生労働省『平成29年告示 幼稚園教育要領 保育所保育指針 幼保連携型認定こども園教育・保育要領〈原本〉』チャイルド本社，2017年
2）小野友紀・島本和恵編著『保育の現場で役立つ子どもの食と栄養』アイ・ケイコーポレーション，2017年，pp.61-63
3）花王メリーズサイト資料「赤ちゃんとママ・パパのための情報―赤ちゃんのうんち 月齢別おしっことうんち」，https://www.kao.co.jp/merries/babycare/unchi/01/（2024年12月1日閲覧）
4）厚生労働省編「平成26年版厚生労働白書―健康長寿社会の実現に向けて」2014年，pp.114-115，https://www.mhlw.go.jp/wp/hakusyo/kousei/14/dl/1-02-1.pdf（2024年12月1日閲覧）
5）前橋 明編著『幼児体育 理論と実践』大学教育出版，2016年，p.4
6）文部科学省「早寝早起き朝ごはん」国民運動の推進について，http://www.mext.go.jp/a_menu/shougai/asagohan/（2021年5月20日閲覧）
7）池田裕恵編著『子どもの元気を取り戻す 保育内容「健康」[改訂第2版]』杏林書院，2017年，p.51
8）玉井美知子「育ち合い―基本的な生活習慣の自立をめざして」『日本教材文化研究財団研究紀要』37，2007年
9）岸井勇雄・無藤 隆・柴崎正行監修『保育内容・健康』同文書院，2010年，pp.126-127

まとめ

1 基本的生活習慣とは，生活に必要な活動が自分でできるようになることであり睡眠，食事，排泄，着脱衣，清潔があげられる。

2 基本的生活習慣を身に付け，自立して行動できるように援助することが保護者・保育者の大切な役割である。

3 食習慣では身体活動を十分に行い，保育に関わる者はからだの発育・発達に必要な栄養を摂取することを知らせ，健康な身体をつくる意識を持たせるよう心がけたい。

4 食事は，からだにとって，味わいながら楽しい雰囲気で食べることが大切であり食物への興味，関心も高めると言われている。

5 排泄には情緒的な面も影響するため，保育者との信頼関係を大切にし，個人差や子どもの特性を理解し根気よく見守っていくことが必要である。

6 睡眠は人間の成長や健康維持に重要な役割がある。健康的な生活リズムが確立され生活習慣として定着するよう「早寝早起き朝ごはん」を心がけよう。

7 衣服を身にまとうことは寒暖の調整や身体を保護し健康を保つという本来の意味から，発展すれば個性や自己表現にもつながる。

8 小学校入学までに衣服の着脱，整理整頓ができるように指導したい。

9 身のまわりを清潔に保つことは，発育・発達が著しく新陳代謝が活発である乳幼児にとって大切である。清潔にすることは気持ちがいいと幼児に感じさせることで清潔に関する習慣の早期形成につなげたい。

10 清潔習慣には，入浴，手洗い，歯磨き，洗顔，うがいなどたくさんの種類がある。幼児にとっては難しい動作も多いため，ゆっくりと根気よく指導するよう心がけよう。

第5章

幼児期運動指針

1 子どもにとっての運動

（1） 発育発達を促す

　子どもにとって運動は，健全な発育発達を促すための**運動刺激**である。中でも幼児期は，**神経機能の発達**が著しく，タイミングよく動いたり，力の加減をコントロールしたりするなどの運動を調整する能力が顕著に向上する時期である。この能力は，新しい動きを身に付けるときに重要な働きをするとともに，周りの状況の的確な判断や予測に基づいて行動する能力を含んでおり，けがや事故を防止することにもつながる。このため，幼児期に運動を調整する能力を高めておくことは，児童期以降の運動機能の基礎を形成するという重要な意味を持つ。

　また，運動を行うときは状況判断から運動の実行まで，脳の多くの領域を使用する。すばやい方向転換などの敏捷な身のこなしや状況判断・予測などの思考判断を要する全身運動は，脳の運動制御機能や知的機能の発達促進に有効である。

　同じく，音楽に合わせて楽しく体を動かすことや造形活動も同様の効果が期待できるが，秒単位で状況が変化する運動あそびは他者との関係，相手を思いやる，応援する，あきらめない，共に喜びを分かち合う気持ちを引きだすことも可能である。さらに，ダイナミックな運動はエネルギー消費にも寄与することから肥満予防等，心身の健全な発育発達を促すための効果が大きい（図5-1①）。

> 運動刺激
>
> 神経機能の発達

（2） 様々な運動動作の習得

　小学校〜高等学校体育授業は，文部科学省による学習指導要領の内容

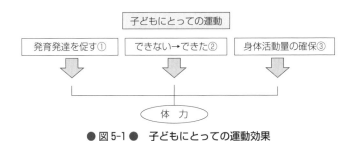

● 図5-1 ● 子どもにとっての運動効果

を基に実践されている。中央教育審議会においては、2年1ヶ月にわたる審議の末、2016（平成28）年12月21日に幼稚園、小学校、中学校、高等学校及び特別支援学校の学習指導要領等の改善及び必要な方策等を示した。また学習指導要領等が、学校、家庭、地域の関係者が幅広く共有し活用できる「学びの地図」としての役割を果たすことができるよう、「カリキュラム・マネジメント」の実現を目指すことが求められた[1]。**学習指導要領（体育）**改訂の経緯としては、確かな学力、豊かな心、健やかな体の調和を重視する「生きる力」をはぐくむことがますます重要となっていることがあげられている。また、小学校から高等学校までの12年間の一貫した教育課程の中で、発育段階のまとまりを考慮し、指導内容を整理し体系化を図り、運動領域、内容の改善を行った。小学校体育で実践される種目は、器械運動（跳び箱・マット・鉄棒）、陸上運動（短距離・リレー・ハードル走・走り幅跳び）、ボール運動（ベースボール型・ネット型・ゴール型）、水泳、表現運動などの**運動領域**から構成されている。

しかし、幼児期において運動体験が極端に少なく、子どもの真の健康を考える場合、現場教員が発育発達特性を理解し、意図的に運動あそびを展開する能力が求められる。また、安全効果的に実践するには科学的根拠を基に現状を把握する力が必要である。小学校教育に移行すれば、体育授業において各運動領域に挑戦することも現実である。一度も鉄棒を握ったことがない、ボールを触ったことがない子どもが戸惑うことは容易に想像できる。また、自分は運動が「できない」といった思い込みや苦手意識がさらに体を動かすことから遠ざける。これらは単に幼児期の運動体験が少ないことが要因であるが、身体活動量の減少からエネルギーバランスが崩れ、健康を害することになる（図5-1 ②）。

そこで、幼児期では走る（まっすぐ走る・ジグザグに走る・走りながら

よける・スキップ・ギャロップ等），跳ぶ（上に跳ぶ・遠くに跳ぶ・手具を使って跳ぶ），投げる（受ける・つく・蹴る），マット，跳び箱，鉄棒，固定遊具を使って自分の体を支える，引きつける等の多様な運動あそびを意図的に実践し，楽しく行うことが求められる。

（3） 意欲的な心の育成

幼児にとって体を動かす遊びなど，伸び伸びと動くことは，健やかな心の育ちも促す効果がある。また，遊びから得られる成功体験によって育まれる意欲や**有能感**は，体を活発に動かす機会を増大させるとともに，何事にも意欲的に取り組む態度を養う。

> 有能感

また幼児期には，徐々に多くの友だちと群れて遊ぶことができるようになっていく。その中でルールを守り，自己を抑制し，コミュニケーションを取りながら，協調する社会性を養うことができる。

（4） 身体活動量の確保

一般に**身体活動**とは，「エネルギーの消費を生じさせ，骨格筋によってなされるあらゆる身体的な動き」とされている。つまり身体活動量の低下は（運動不足），子どもの体力や防衛力を低下させ，心身の発達にも影響を及ぼし，生活習慣病のリスクを増大させ生涯にわたる健康な生活の確立を危うくさせる。

> 身体活動

また，身体活動を健康に寄与すべく実施するには，**運動実施時間**，**運動実施頻度**，**運動強度**が適切でなければならない（**運動の3大原則**）。幼児期に適切な運動をすると，丈夫でバランスのとれた体を育みやすくなる。とくに運動習慣を身に付けると，身体の諸機能における発達が促されることから，生涯にわたり健康的で活動的な生活習慣の形成にも役立つ可能性が高く，肥満や瘦身を防ぐ効果もあり，成人後も生活習慣病を発症する危険性は低くなると考えられる。また，体調不良を防ぎ，身体的にも精神的にも疲労感を残さない効果があると考えられる（図5-1③）。

> 運動実施時間
> 運動実施頻度
> 運動強度
> 運動の3大原則

従来，身体活動量の測定には，自己報告，行動観察および活動モニターがある。質問紙やインタビューなどの自己報告は，簡便で低コストであり，身体活動において多面的に捉えられるが，信頼性に欠ける。身体

活動量を客観的に測定する手法として万歩計や心拍数法などが用いられてきたが，これらの方法で身体活動量を正確に観察するには限界があることが報告されている。一方，スズケン社製ライフコーダは圧電効果を利用した加速度センサーを内蔵しており，身体活動によって垂直方向に生ずる応力を受け，素子がゆがむことにより電圧が発生する機構を設けている一次元の加速度計である。この出力電圧は，歩行などの運動によって生ずる加速度に比例して増加する特性を有しており，腰部に装着するだけで長期間連続測定が可能である。

　我々は，ライフコーダを用いて，幼児の身体活動量を測定した結果，年長男児が最も高い値を示し，年中・年長ともに男児が女児より有意に高い値を示した。園内における屋外活動において，年中男児は園庭に設けられた遊具，とくに滑り台などを繰り返し行う傾向にあったが，女児は手で扱う玩具などを使って遊ぶ光景が多く見られた。また，担任が一緒に園庭に立ち，遊びの時間を共有すると，幼児の活動が活発となり座った状態の遊びから移動を伴う遊びへ移行する傾向にあった。一方で児童においては1日の大半を学校で過ごす。登下校は徒歩（移動運動）である場合がほとんどだが，座学では静止状態であり，下校後は塾通いも増えており，1日の活動量は極めて少ない。我々の調査では，男女ともに平日の体育授業の有無による運動量は体育授業のある日が最も高く体育授業の重要性が明らかになった。

　これらから，幼児期から体を動かして遊ぶ機会を確保することは，その後の児童期，青年期への運動やスポーツに親しむ資質や能力を育成し，意欲や気力の減弱を防ぎ，対人関係などコミュニケーションをうまく構築するなど，子どもの心の発達にも大切であることから，幼児期運動指針が策定された。

❷ 幼児期運動指針策定

　幼児期における運動の実践は，心身の発育に極めて重要であるにもかかわらず，全ての幼児が十分に体を動かす機会に恵まれているとはいえ

ない現状がある。そこで，幼児の発育発達特性を踏まえ，幼児が多様な運動を体験できる機会を保障していく必要がある。子どもの家庭背景は様々であるが，園では共通の時間を確保できることから，保育者は計画的，意図的に幼児自らが体を動かす楽しさや心地よさを実感することができる環境を整えることが大切である。これらを実現するためには，保護者や，幼稚園，保育所などの保育者をはじめ，幼児に関わる人々が幼児期の運動をどのようにとらえ，どのように実施するとよいのかについて，共有することが重要である。

そこで，運動習慣の基盤づくりを通して，幼児期に必要な多様な動きの獲得や体力・運動能力を培うとともに，様々な活動への意欲や社会性，創造性などを育むことを目指し，幼児期の運動の在り方について2012（平成24）年3月に**幼児期運動指針**が策定された。

幼児期運動指針

（1）実践のポイント：運動あそびを反復して行う

運動あそびは反復して行うことによって，力みやぎこちない動きが洗練され巧みな動きを獲得できる。その為には，

① 見立てあそびやアイテム，音響効果などの有効活用。
② 競争したがる，真似したい，少し難しい，見てほしい，認めてほしいといった子どもの気持ちに着目する。
③ どこでもすぐに運動あそびができる環境を設定する（写真5-1）。
④ 屋内を有効に活用する（写真5-2）。

（2）実践のポイント：多様な動きが経験できるように様々な遊びを取り入れる

幼児期は**運動機能**が急速に発達し，体の基本的な動きを身に付けやすい時期であることから，多様な運動刺激を与えて，体内に様々な神経回路を複雑に張り巡らせていくことが大切である。それらが発達することにより，普段の生活で必要な動きをはじめ，とっさの時に身を守る動きや将来的にスポーツに結び付く動きなど多様な動きを身に付けやすくすることができる。子どもは，夢中になって遊んでいるうちに総合的に動作を習得することになる。たとえば，4歳から5歳頃は友達と運動する

運動機能

● 写真 5-1 ● 思ったときすぐに遊べる環境

● 写真 5-2 ● 屋内の有効活用

ことの楽しさを学習し，バランス能力がとくに高まる時期であることから，用具を操作する動きが巧みになる時期である。5歳から6歳頃では，動きの組み合わせが可能になる時期で，**動きの再現性**が見られ集団行動や役割分担など協調性が身に付く。この時期は，全身運動が滑らかで巧みになり，全力で走ったり，跳んだりすることに心地よさを感じるようになる。そのため，ボールをつきながら走るなど基本的な動きを組み合わせながら，「体のバランスをとる動き」「体を移動させる動き」「用具を操作する動き」をより滑らかに遂行することが期待される。

動きの再現性

（3）実践のポイント：楽しく体を動かす時間を確保する

　従来，幼児はよく動き，よく走り回る。しかし，それは単に身体活動だけにとどまらず，その運動の発現には心理的，知的な作用が関わっている。したがって，幼児の基礎的運動能力の確保は，「速い，遅い」「できる，できない」などが先行し，画一的に与えられるものになりがちであるが，子どもにとっては走り回ること自体が喜びであり，走りたいという自己欲求が働き，イメージを膨らませるような走運動が望ましい。

そのためには，幼児の自発的な走運動あそびを引き出すように環境の条件を整備するとともに，多様な走運動技能が出現するような動機付けが必要不可欠である。これらの運動あそびは，運動量の確保はもちろん，遊びの質においても十分考慮し，幼児の活動意欲を高めるような創意工夫がなされなければならない。

一般的に幼児は，興味をもった遊びに熱中して取り組むが，他の遊びにも興味をもち，遊びを次々に変えていく場合も多い。そのため，ある程度の時間を確保すると，その中で様々な遊びを行うので，結果として多様な動きを経験し，それらを獲得することになる。

文部科学省調査では，外あそびの時間が多い幼児ほど体力が高い傾向にあるが，4割を超える幼児の外あそびをする時間が一日1時間（60分）未満であることから，多くの幼児が体を動かす実現可能な時間として「毎日，合計60分以上」を目安として示している。

ただし，幼児が体を動かす時間は，環境や天候などの影響を受けることから，屋内も含め一日の生活において，体を動かす合計の時間として設定されている。

3 幼児期における運動あそびの留意点

幼児期の運動あそびで重要なことは，
① 幼児が思わず体を動かしたくなる，楽しく運動あそびが経験できる環境の工夫を行う。
② **操作系運動**の習得を段階的に系統立てて実施する。　　　　　　　　　操作系運動
③ 地域の公園や広場などに出かける機会を設定し，普段の園生活の中では味わえないようなダイナミックな動きや季節を感じる遊びなどを体験させる。
④ 保育者自身が体を動かすことを厭わず，ともに活動する。
⑤ 運動あそび中の安全に対する配慮を行う。
⑥ 幼児が園生活で体を動かして遊ぶ様子などを家庭や地域にリアルタイムに伝え，ともに育てる姿勢をもつ。

⑦　土曜日，日曜日など休日の身体活動量を確保できるよう，家庭において楽しみながら身体を動かすことのできる運動あそびプログラムの開発と実践をする。

　これらを通して，幼児期に早急な結果を求めるのではなく，幼児の興味や関心，意欲など運動に取り組んでいく過程を大事にしながら，小学校以降の運動や生涯にわたってスポーツを楽しむための基盤を育成することを目指すことが重要である。

4　教員養成大学の役割

　子どもを主体とした健康や体力に関連する問題点を解決するには，教員養成大学との連携が必要である。保育・教育現場は，**健康教育**を実施するための環境が整っているにもかかわらず，システム化された健康教育実践がなされていない。この状況を変えるには，大学が健康教育をコーディネートし，包括的システムを導入することが望まれる。このような大学と保育・教育現場との連携は，保育者の資質向上にも繋がり，その恩恵は子どもに還元される。

健康教育

　我々は，文部科学省委託研究において，下記の①～③の事項を実施し，幼児，保護者，保育・教育現場関係者との信頼関係を構築した。

①　幼児の体力テストの定期的な測定とその統計処理および園へのフィードバックの実施。また，データ検証を行い，課題の抽出，解決策の提案と実践を保育者とともに行った。

②　親子体操，保護者対象の健康講座，親子体力測定など，保護者を巻き込んだ健康教育の実践（写真5-3）。

③　定期的な保育者研修会の実施。

　本来，保育・教育現場は，幅広い年齢層の子ども全体に対して，それぞれの発育発達段階を踏まえて，系統的な働きかけができる場所である。また，保育・教育の専門家集団がおり，施設，器具備品，教材などを備え持つ場でもあり，家庭や地域社会に対しても影響力を持っている。このような機能を持つことから，保育・教育現場は，第一次予防が不可欠

● 写真5-3 ●　朝食簡単レシピ作成風景と園内菜園による食育

である現代の健康課題解決に大きな役割を果たすことが期待されている。

　また，教員養成大学は，現代の子どもの実態を**科学的根拠**のもとに把握し，課題解決に参与できる専門知識と技術を知恵にかえる力を持った保育者の輩出に力を注がねばならない。とくに学生に求められる知識は，以下に示す。これらは，専門職への熱意の上に習得されなければ実践的に発揮されない。

> 科学的根拠

① 学生自身が豊富な運動体験を通して，体を動かすことの楽しさを体験学習し，自身の心身の健康も確立する。

② **基礎的運動能力**をはじめ，各種目の特性と「こつ」を学習する。

> 基礎的運動能力

③ 安全・効率・効果的な運動あそびの指導法と指導案を立案する力を習得する。

④ エネルギー供給機構と運動強度に関する専門知識の習得（運動生理学）。

⑤ 体力・運動能力テストの測定方法と評価表および活用法の習得（測定評価）。

⑥ よくおこる傷害の対応と予防策の習得（応急処置法）。

【参考文献】
1）文部科学省「小学校学習指導要領（平成29年告示）解説 体育編」2017年，https://www.mext.go.jp/content/20240918-mxt_kyoiku01-100002607.pdf（2024年11月26日閲覧）
2）秋武 寛・安部恵子ほか「4-12歳の加齢にともなう接地足蹠の形成，運動能力，肥満の関連」『発育発達研究』第70号，2016年，pp.1-10
3）安部恵子「ヒトをはかる『測る』と『図る』」『教育医学』第62巻2号，2016年，pp.307-312
4）安部恵子・王 立新ほか, Daily physical activity measured by accelerometer in Japanese preschool children, *The Journal of Physical Education of Young Children of Asia*, 2(1), 2012, pp.15-23
5）文部科学省幼児期運動指針策定委員会「幼児期運動指針」2012年，http://www.mext.go.jp/a_menu/sports/undousisin/1319771.htm（2018年1月22日閲覧）

まとめ

1 幼児期は，脳・神経機能の発達が著しく，タイミングよく動く，力の加減をコントロールする等，運動の調整能力が顕著に向上する時期である。

2 幼児期の運動あそびから得られる成功体験によって育まれる意欲や有能感は，体を活発に動かす機会を増大させるとともに，何事にも意欲的に取り組む態度を養う。

3 身体活動とは，「エネルギーの消費を生じさせ，骨格筋によってなされるあらゆる身体的な動き」とされている。

4 小児期からの生活習慣は，虚血性心疾患等の生活習慣病の発生と関連が深く，運動が重視されている。

5 身体活動を安全効果的に実施するには，運動実施時間，運動実施頻度，運動強度が適切でなければならない（運動の3大原則）。

6 運動習慣の基盤づくりを通して，多様な動きの獲得，体力・運動能力を培うこと，社会性，創造性などを育むことを目指し，幼児期運動指針が策定された。

7 屋内も含め一日の生活において，「毎日，合計60分以上」の身体活動を目安とする。

8 幼児の運動あそび実践のポイントは，環境の工夫，操作系運動を段階的に系統立てて楽しく体を動かす，ダイナミックな動きや季節を感じた遊びなどを体験させること。

第6章 幼児の体力・運動能力テスト

1 幼児の体力とは

　人間の発達・成長における**体力**の意義とは，意図的に体を動かすことにより，運動能力・技能の向上を促し，体力の向上につながるだけではなく，病気から身体を守る体力をつけ，より健康な状態をつくることである。さらにそれぞれの要素は，意図的に体を動かす能力としての「**行動体力**」と，病気から身体を守る「**防衛体力**」から成り立つ（図6-1）。とくに，行動体力の中の行動を調整する能力では，神経機能が関与しており，幼児期の発育発達特性から最も重要な要素と考えられる。よって，幼児期の運動あそびを含む身体活動では，神経系を刺激することを踏まえた活動内容を実践することが望ましい。一方，防衛体力とは，暑さや寒さなどの環境の変化に対応し，生命を維持していく体の「抵抗力」を示す。また，病気にかかりにくい能力を示す「免疫力」としても，健康

体力

行動体力

防衛体力

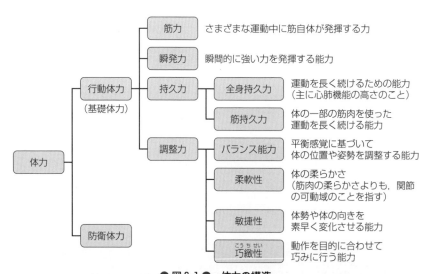

● 図6-1 ● 体力の構造

出典：クレーマージャパン「基礎体力を見直す」2016年，www.cramer.co.jp/1611-2/（2024年12月10日閲覧）

にかかせない体力要素になる。

　子どもに求められる体力とは，1つ目は，**調整力・瞬発力・持久力**などを要素とする運動をするための基礎となる身体的能力である「**運動をするための体力**」であり，ここ数年，姿勢を維持する**背筋力**が注目されている。正木らによると[1]背筋力が低下することで，①脊椎の彎曲異常。②直立姿勢をとって動きまわることを臆病がらせたり，長続きさせなかったりし，ひいては労働意欲をおこさせないことにつながるかもしれない。③この結果一層背筋力を低下させることになるという悪循環を生むであろうと警告されている。2つ目は，身体の健康を維持し，病気にならないようにする「**健康に生活するための体力**」であり，感染症をはじめとする病気に対する抵抗力や，生活習慣病につながる要因に関する値（高血圧・肥満傾向などの割合）を下げる力である。それに加え3つ目は，「**自分の心をコントロールする力**」を身に付けることである。これらの体力を一体として捉え，心身共に健康でいきいきとした生活を送るには，生活の中にしっかりとした「運動習慣（あそび）」と「生活習慣（睡眠・食事）」を整えることが大切である。

2 幼児の基礎的運動能力とは

　ヒトは生まれてから死ぬまで生涯にわたって変容し続けるが，一定の速度で現れるのでなく，人生の早い時期にピークがくる機能や分野もあれば，遅い時期にピークを迎えるものもある。とくに，幼児期は，社会で生活をしていくための基礎・基本となる動作の習得が図られる重要な時期である。それらはその時期であれば容易に習得できるが，その時期を逃すと後で取り戻そうとしても難しい。

　幼児期は，**神経機能**の発達が著しく，タイミングよく動いたり，力の加減をコントロールしたりするなどの**運動を調整する能力**が顕著に向上する時期である。幼児期に運動を調整する能力を高めておけるよう，多様な動きが経験できる様々な運動あそびを行うことが望ましい[2]。

（1） 幼児期に身に付けたい基本動作[3]

　幼児期に身につけたい基本の動作は，体のバランスをとる動き（平衡系動作），体を移動する動き（移動系動作），用具を操作する動き・力試しの動き（操作系動作）がある[3]。これらの動作は，生涯の中で経験するスポーツやダンス，体操，回転運動，体力づくりの土台となっていく。それぞれの動作の中から，園でよく見られる動作をあげておく。

　① 平衡系動作（姿勢を変化させたり，並行維持の運動）

　　　立つをはじめ，マット運動あそびで寝転んだ姿勢から上半身を起こす，前転で回る，タイヤからタイヤへ渡る，鉄棒や雲梯にぶら下がる，逆立ちになり自分の腕で体を支える，三輪車に乗るなどの動作である。

　② 移動系動作（上下や水平方向の移動や回転移動）

　　　歩くをはじめ，鬼ごっこで走る，フラフープからフラフープへ跳ねる，跳び箱の上から跳ぶ，登り棒を登る，トンネルをくぐる，平均台の下を這うなどの動作である。

　③ 操作系動作（自分以外の物や人を扱う運動）

　　　持つことをはじめ，ブロックを運ぶ，友だちの腕を掴む，ボールを的に当てる，飛んで来たボールを取る，後ろの友だちにボールを渡す，砂場に穴を掘る，ポンポンを振る，玉入れの玉を投げる，サッカーでボールを蹴る，友だちの手を引くなどの動作である。

　園では，これらの中のいくつかの動作を組み合わせた，多様な動きが入っている運動あそびが経験できる。跳び箱あそびでは，走って，手をついて，跳んで，腕で自分の体を支えて，前方に移動させて着地をする。リズムダンスでは，足踏みをしながら，手をあげてポンポンを振る，足を踏み込んで，頭を動かすなど，多くの動作が入っている。これらの動作を伴うあそびを，仲間とともに集団で行うことで，人間関係の成長にも繋がる。リズムダンスは，人前で動作をすること，仲間と一緒に踊ることで，表現する力になり，楽しさも味わうことができる。幼児がこれらの様々な動作を経験できるように，指導者や保育者には，それぞれの子どもたちが自信や意欲，粘り強さ等を持って取り組めるように，運動

あそびの導入・展開の創意工夫，安全に配慮した環境構成等が求められる。

　たくさんの動作が経験でき，動きの偏りがなく，運動量を確保することができる運動あそびに「**サーキットあそび**」がある。サーキットあそびを行う際には，各コーナーあそびに，どのような動きが入っているかを確認するために，体育科学センターの「**動きの動詞一覧**」[4]を参考に，表を作成し，年齢や育ちに対応しているか，動きに偏りがないかを確認することが望ましい。子どもの様子をしっかりとみつめ，子ども一人一人が楽しく自信や意欲をもち，新しい動きに挑戦したり，取り組めているかを確認しながら状況対応し，臨機応変に展開，環境構成を変化させていくことが求められる。

> サーキットあそび
>
> 動きの動詞一覧

（2）基礎的運動能力の発達について

　幼児期は心臓や肺および骨や筋肉の発達が充分ではないため，持久力や瞬発力を強化することは危険である。一般に，幼児の運動機能の発達は，3歳児で跳躍運動を獲得し，跳び降りることに興味を示す。片足跳びもできるようになり4歳児にかけて全身運動が多様化し，ほとんどの運動ができるようになる。また，「**走**」「**跳**」「**投**」調整力などの運動機能の独立化がみられる。5歳児では全身運動機能の発達とともに部分的運動機能が育ち，より複雑で高度かつ技巧的な運動を獲得する。「走」や「跳」は自分の身体そのものの移動を伴う移動系動作として，「投」は自分の身体以外の物を操作する操作系動作として分類される。いずれも，日頃の体験学習を繰り返すことによってのみ習得されるものであり，体の発達にも大きく影響を及ぼす。また，小学校教育では各運動領域に沿って体育授業がなされ，器械運動やボール運動などへの挑戦が始まる。しかし，幼児期に「走」「跳」「投」の体験を持たない子どもはスムーズな移行が行えず，苦手意識や精神的ストレスを持つことも考えられ，正しい運動習慣を身に付けることが困難になる。これらは日常の身体活動量の減少を引きおこし，肥満をはじめ一生涯の健康においても影響を及ぼすと考えられる。

　幼児の場合，「できる」「できない」，「速い」「遅い」ではなく，それぞ

> 走
> 跳
> 投

れの子どもが，自分自身で納得して，その子なりの活動，取組み，表現することが重要である。また，単にマット，跳び箱，鉄棒，なわ跳びなどの技術習得を目指すより，体を支える，バランスをとる，走るなど，大きな筋肉を使い，体をダイナミックに動かすことを楽しいと感じながら，心も体も快適な状態で実践することが重要である。運動あそびを通して，運動能力向上を目指すだけではなく，表現すること，仲間と共に活動する楽しさを得ることも重要である。

3 運動能力調査の方法と評価

　発育期の体力を評価するための測定項目および測定方法には様々なものがある。現実的には**フィールドテスト**で一度に多人数のパフォーマンスを測定することが一般である。わが国では，文部科学省によるスポーツテストが，1999（平成11）年度から現在の**新体力テスト**に変更され，体力を評価するときの標準的な方法となっており，現在も小学校等で有意義に活用されている。その結果は現在はスポーツ庁によって，体力・運動能力調査報告書として発表されているが，幼児の体力・運動能力測定については，保育現場において，任意で実施されているため，報告されていないのが現状である。

　体力・運動能力調査は単に優劣を評価するものではなく，体の機能の発達が健全であるかを把握する指標と考えるべきである。もし，平均値に到達していない種目がある場合，その種目の体力要素を把握し，それらを刺激し発達を促すため，日々の運動あそびを創意工夫し，実践することが一番の目的である。また，幼児期の場合，月齢の差が大きく認められることや身長および体重との関連が深いことが報告されているため[5]，日常の活動が活発であるか，健全な食生活であるかなど複数の因子をもって判断することが重要である。しかし，幼児を対象に複数の体力・運動能力調査を現場で実践するのは容易なことではない。よって，走・跳・投など基礎的運動能力を示す種目を抜粋し把握することも有効な方法である。図6-2～6-7は，「幼児期運動指針ガイドブック」[6]に示さ

フィールドテスト

新体力テスト

れている，幼児の運動能力調査の測定方法である．

　身体機能は運動機能の発達の基盤をなすものであり，環境への積極的な働きかけが生じ，行動範囲が広がる．その結果，いろいろな経験の蓄積によって技能を習得する．なかでも，幼児期は発育発達が最も著しい

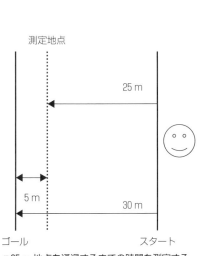

- 25 m 地点を通過するまでの時間を測定する
- 1/10 秒単位で測定
- 1/100 秒単位は切り捨て

● 図 6-2 ●　25 m 走測定方法

- ソフトボールかテニスボールを使用
- 制限ラインからの最短距離を 50 cm にする
- 50 cm 未満は切り捨て
- 2 回投球し良い方の記録を採用

● 図 6-3 ●　ボール投げ測定方法

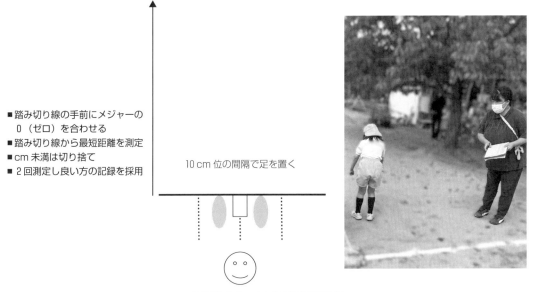

- 踏み切り線の手前にメジャーの 0（ゼロ）を合わせる
- 踏み切り線から最短距離を測定
- cm 未満は切り捨て
- 2 回測定し良い方の記録を採用

● 図 6-4 ●　立ち幅跳び測定方法

第 6 章　幼児の体力・運動能力テスト

時期であることから，毎日体を動かす習慣を身につけることが求められている。

これらのことから，体力・運動能力の測定と評価および科学的根拠をもとにした運動あそびの計画や提案，子ども達の発達段階や状況にあった実践活動の導入・展開ができる指導者・保育者が求められている。

- 積み木：幅，高さ5 cm 長さ10 cm
- 1/10 秒単位で測定
- 1/100 秒単位は切り捨て
- 2 回測定し良い方の記録を採用

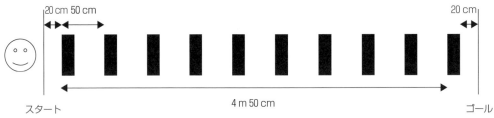

● 図 6-5 ●　両足連続跳び越し測定方法

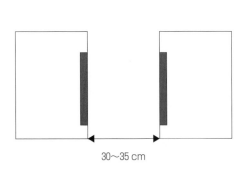

- 180 秒を最高値とする（秒単位）
- 測定は 1 回
- 終了条件
  腕が曲がる
  手の平以外が机や床に触れる

● 図 6-6 ●　体支持持続時間測定方法

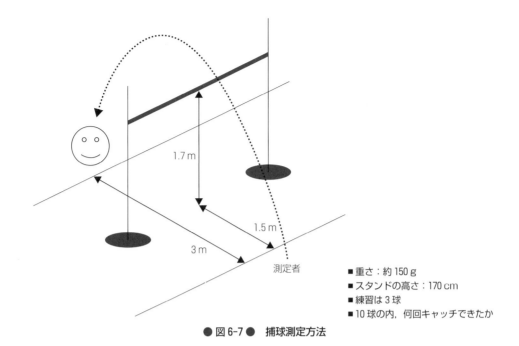

● 図6-7 ● 捕球測定方法

【引用・参考文献】
1）正木健雄，正木健雄選集編集委員会編『正木健雄選集 希望の体育学』農山漁村文化協会，2002年，p.26
2）文部科学省「幼児期運動指針」2012年，https://www.mext.go.jp/a_menu/sports/undousisin/1319771.htm（2024年12月10日閲覧）
3）スポーツ庁「運動あそびBOOK」2020年，p.1，https://www.mext.go.jp/sports/content/20200814-spt_kensport01-000009406_2.pdf（2024年12月10日閲覧）
4）体育科学センター，調整力専門委員会体育カリキュラム作成小委員会「幼稚園における体育カリキュラム作成に関する研究（Ⅰ）：カリキュラムの基本的な考え方と予備調査の結果について」『体育科学』8，1980年，pp.150-155
5）安部惠子・三村寛一ほか「幼児の月齢別にみた形態と運動能力の関係」『大阪教育大学紀要』47巻1号，1998年，pp.225-238
6）文部科学省「幼児期運動指針ガイドブック」2012年，pp.52-53，https://www.mext.go.jp/a_menu/sports/undousisin/1319772.htm（2024年12月10日閲覧）

まとめ

1 体力の構成は，身体的要素と精神的要素に分けられ，「行動体力」と「防衛体力」から成り立つ。

2 行動体力には，行動を起こす能力，行動を持続する能力，行動を調整する能力がある。また，防衛体力には，物理化学的・生物的・生理的・精神的ストレスに対する抵抗力がある。

3 幼児期には，「運動をするための体力」，「健康に生活するための体力」に加えて，「自分の心をコントロールする力」を身に付けることが求められる。

4 幼児期は，動きの調整をつかさどる脳・神経系の発達がほぼ完成されることから，調整力の要素が多く含まれる運動あそびを行うことが望ましい。

5 幼児が様々な動作を経験できるように，指導者・保育者には運動あそびの導入・展開の創意工夫，安全に配慮した環境構成等が求められる。

6 5歳児では全身運動機能の発達とともに部分的運動機能が育ち，より複雑で高度かつ技巧的な運動を獲得する。

7 幼児の場合，「できる」「できない」，「速い」「遅い」ではなく，それぞれの子どもが，自分自身で納得して，その子なりの活動，取組み，表現することが重要であり，必要不可欠である。

8 幼児を対象とした体力・運動能力調査は，体の機能の発達が健全であるかを把握する1つの指標である。

9 幼児期は発育発達が最も著しい時期であることから，毎日体を動かす習慣を身につけることが求められている。

第 **7** 章

幼児の運動あそび（1）

1 現代の幼児の運動あそび

　子どもの体力低下の問題は，社会問題となり肥満，生活習慣病，ストレスに対する抵抗力の低下など，子どもの心身に影響を及ぼすだけではなく，社会全体の活力がなくなることが危惧されている。わが国では，昭和50年代以降，高度経済成長を成し遂げ物質的な豊かさを得たものの，心の豊かさまでは獲得できなかったと，一般的に言われている。少子化が問題となり，子どもの塾通い，英会話教室が増え続けるなど，子どもの身体活動量の減少からくる運動能力の低下が問題となっている。子どもの体力低下の原因は，①保護者をはじめとした国民の意識の中で，子どもの外あそびやスポーツの重要性を軽視するなどにより，子どもに積極的に体を動かすことをさせなくなったこと，②子どもを取り巻く環境については，生活が便利になる，など子どもの生活全体が，日常的に体を動かすことが減少する方向に変化したこと，③スポーツや外あそびに不可欠な要素である時間，空間，仲間（サンマ：3つの間）が減少したことが挙げられる[1]。

　子どもの身体活動量をみると，子どもの体力が最も高かった昭和50年代の幼児は，一日に約3万歩，歩いていた。現在，様々な研究調査から幼児の歩数は，半減，もしくは1万歩にも満たないということも言われる時代になっている。近年，日本では，社会環境が大きく変わり，子どもは，テレビ，インターネット，スマートフォン，携帯電話を使ったゲームなどに興味を持ち，体を動かして友だちと戸外で遊ぶ機会が減少している。しかし，このような問題は，日本の問題だけではなく，アジアを含めて，欧米でも子どもの身体活動量の減少が問題となっている。2009年WHO（世界保健機関）は，死亡リスク要因として，第1位が高血

圧，第2位が喫煙，第3位が高血糖，そして**身体不活動**は，4番目の原因にあげている[2]。また，わが国の同様の調査結果では，第1位が喫煙，第2位が高血圧，第3位が身体不活動となっている[3]。日常生活における身体活動は，寿命を延長するだけでなく，健康寿命の延長にも影響し，やがてはQOL（Quality of Life）の向上にもつながってくると思われる。

2012（平成24）年3月わが国では，**幼児期運動指針**が策定され，「様々な遊びを中心に，毎日，合計60分以上，楽しく体を動かす」という一番の目標が掲げられている。このため幼児期において，遊びを中心とする身体活動を十分に行うことは，多様な動きを身に付けるだけでなく，心肺機能や骨形成にも寄与するなど，生涯にわたって健康を維持したり，何事にも積極的に取り組む意欲を育んだりするなど，豊かな人生を送るための基盤づくりとなる。幼児期運動指針は，「様々な遊びを中心に，毎日，合計60分以上，楽しく体を動かす」ことにより①**体力・運動能力の向上**以外にも，②**健康的な体の育成**，③**意欲的な心の育成**，④**社会適応力の発達**，⑤**認知的能力の発達**にも効果が期待できる[4]。

2 年齢から見た運動あそび

(1) 子どもの運動発達の原則

乳幼児期の運動発達について，全般的な発達の原則を以下にまとめる。運動の発達には，一定の順序性と方向性が見られる[5]。

① 発達は，受胎より成熟まで連続的な発達の過程をたどり，ある程度の運動機能に達する。

② 運動発達の順序は，すべての子どもにおいて同一であるが，発達の過程の速さは，子どもによって異なる。

③ 発達の方向は，頭から体幹の中心部に向かい，その後，手，下肢の末梢に向かって進む（図7-1）。

④ 人の運動は，まず胴体や四肢の大きな筋肉を使って体を動かす**粗**

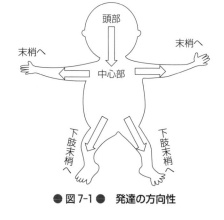

● 図7-1 ● 発達の方向性

大運動から発達し，その後に腕や手を使った**微細運動**が発達する。

⑤ 運動発達は，スキャモンの発育曲線の神経型の成熟と関係している。

幼児期は，生涯にわたって必要な多くの運動の基となる多様な動きを幅広く獲得する非常に大切な時期である。動きの獲得には，「**動きの多様化**」と「**動きの洗練化**」の2つの方向性がある[4]。

微細運動

動きの多様化

動きの洗練化

(2) 子ども（0歳から6歳児）の運動発達の特徴

運動発達の原則は，繰り返し行う身体運動を通して発達する。「**保育所保育指針**」にある8つの年齢別発達過程を用いて乳幼児期の運動発達の特徴について，紹介する[6]。

保育所保育指針

1) 生後から6ヶ月未満（著しい発達）

首がすわり，手足の動きが活発になり，その後，寝返りなど全身を使った動きが活発になる。

● 写真7-1 ●　2ヶ月
胸を上げる

2) 6ヶ月から1歳3ヶ月未満（座るから歩くへの探索活動，活発な探索活動）

物につかまって立つ，一人で立つといった運動機能が発達し，腕や手先を意図的に動かせるようになる。

3) 1歳3ヶ月から2歳未満（行動範囲の拡大，象徴機能と言葉の習得）

歩き始め，手を使い，言葉を話すようになり，身近な人や身の回りの物に自発的に働きかけていく。歩く，押す，つまむなど様々な運動機能が発達し，環境に働きかける意欲を一層高めている。

● 写真7-2 ●　9ヶ月
物につかまって立つ

4) おおむね2歳（基本的な運動機能）

歩く，走る，跳ぶなど基本的な運動機能や指先の機能が発達する。それに伴って，食事，衣類の着脱など身の回りのことを自分でしようとする。この時期一人で排泄を行うことができる身体機能も整ってくる。

● 写真7-3 ●　14ヶ月
一人で立つ

5）おおむね3歳（運動機能の高まり，基本的生活習慣の形成，言葉の発達，友だちとの関わり，ごっこあそびと社会性の発達）

基本的な運動機能や運動能力が高まり，**基本的生活習慣**（食事，睡眠，排泄，着脱衣，清潔）ができるようになる。歩く，走る，跳ぶ，押す，引っ張る，投げる，転がる，ぶら下がる，またぐ，蹴るなどの基本的動作ができるようになる。様々な動作を経験することにより，自分の身体の動きをコントロールし，自らの身体感覚を高めていく。

> 基本的生活習慣
> 食事
> 睡眠
> 排泄
> 着脱衣
> 清潔

6）おおむね4歳（全身のバランス）

全身のバランスを取る能力が発達する。片足跳び，スキップをするなど，身体の動きが巧みになる。

基本的な動きが未熟な初期の段階から，日常生活や体を使った遊びの経験をもとに，次第に上手に動くことができるようになっていく時期である。次第に自分の体の動きをコントロールしながら，身体感覚を高め，より巧みな動きを獲得することができるようになる。4歳頃は，遊びの中で多様な動きが経験でき，自ら繰り返すことにおもしろさを感じることができるような環境の構成が重要になる。

7）おおむね5歳（運動能力の高まり）

運動機能は，大人の行う動きのほとんどができるようになる。なわ跳びやボールあそびなど，身体全体を協応させた複雑な運動をするようになるとともに，心肺機能が高まり，鬼ごっこなどの集団あそびで活発に身体を動かし，自ら挑戦しようとする姿が多く見られるようになる。

手先の器用さが増し，小さなものをつまむ，ひもを結ぶ，雑巾を絞るといった動作もできるようになり，大人の援助により，のこぎりなど様々な用具も扱えるようになる。

それまでに経験した基本的な動きが定着しはじめる。友だちと一緒に運動することに楽しさを見いだし，また環境との関わり方や遊び方を工夫しながら，多くの動きを経験するようになる。とくに全身のバランスをとる能力が発達し，身近にある用具を使って操作するような動きも上手になっていく。

8）おおむね6歳（巧みな全身運動）

6歳頃は，身体的な成熟と機能の発達が見られ，無駄な動きや力みなどの過剰な動きが少なくなり，動き方が上手になっていく時期である。全力で走り，跳躍するなど，自信を持って行動するようになる。全身運動が滑らかになり，ボールをつきながら走ったり，跳び箱を跳ぶ，竹馬に乗る，一輪車に乗るなど，様々な運動に意欲的に挑戦し，平衡系運動，移動系運動，操作系運動を，より滑らかに遂行できるようになる。そのため，これまでより複雑な動きのあそびや鬼ごっこなどを経験しておきたい。

友だちと共通のイメージをもって遊び，目的に向かって集団で行動し，友だちと力を合わせ，役割を分担して遊ぶようになり，満足するまで取り組むようになる。それまでの知識や経験を生かし，工夫をして，遊びを発展させる姿も見られるようになる。

この時期は，全身運動が滑らかで巧みになり，全力で走ったり，跳んだりすることに心地よさを感じるようになる。ボールをつきながら走るなど基本的な動きを組み合わせながら，運動あそびの場を提供することが保育者や保護者にとって重要なことである。

3 多様な動きを身につける運動あそび

幼児期の子どもの運動あそびは，偏った運動ではなく，様々な運動あそびを行うことが大切である。これは，「**平衡系運動**」「**移動系運動**」「**操作系運動**」という3つの運動動作を混ぜながら楽しく運動あそびを行うことがポイントである。「平衡系運動」は，自身の身体をバランスよく保つ姿勢保持，つまり，まわる，浮く，逆立ちする，わたる，ぶら下がるなどの動作である。「移動系運動」は，体をある地点からある地点へ移動する，つまり，走る，跳ぶ，スキップ，ギャロップ，くぐるなどの動作である。「操作系運動」は，自分の体以外のものを使って操作する，つまり，投げる，ボールを蹴る，ボールを転がす，かつぐ，バットを振るなどの動作である（表7-1)[7)8)]。これら3つの運動動作をうまく交えな

平衡系運動
移動系運動
操作系運動

● 表 7-1 ●　幼児の運動あそびにみられる基本的動作とその分類

平衡系運動	姿勢変化	たつ・たちあがる かがむ・しゃがむ ねる・ねころぶ まわる ころがる	さかだちする おきる・おきあがる つみかさねる・くむ のる のりまわす	わたる あるきわたる ぶらさがる うく
移動系運動	上下運動	のぼる あがる・とびのる とびつく	とびあがる はいのぼる・よじのぼる おりる	とびおりる すべりおりる とびこす
	水平運動	はう およぐ あるく ふむ	すべる はしる・かける・かけっこする スキップ、ホップする とまる	ギャロップする おう・おいかける とぶ
	回転運動	かわす かくれる くぐる・くぐりぬける	もぐる にげる・にげまわる とまる	はいる・はいりこむ
操作系運動	荷重運動	かつぐ ささえる はこぶ・はこびいれる もつ・もちあげる・もちかえる あげる	うごかす こぐ おこす・ひっぱりおこす おす・おしだす おさえる・おさえつける	つきおとす なげおとす おぶう、おぶさる
	脱荷重運動	おろす・かかえておろす うかべる	おりる もたれる	もたれかかる
	捕捉動作	つかむ・つかまえる とめる あてる・あげあてる・ぶつける いれる・なげいれる	うける うけとめる わたす ふる・ふりまわす	まわす つむ・つみあげる ころがす ほる
	攻撃的動作	たたく つく うつ・うちあげる・うちとばす わる なげる・なげあてる	くずす ける・けりとばす たおす・おしたおす しばる・しばりつける あたる・ぶつかる	ひく・ひっぱる ふりおとす すもうをとる

出典：近藤充夫監修『三訂新版 乳幼児の運動あそび』建帛社，2000年，p.35 より引用・改変

がら，子どもたちの**内発的動機**を促し，子どもたちが心の底から楽しいと思う遊びを取り入れていくことが重要である。また保育者は，定期的に，子どもの運動あそびの計画の中で，表 7-1 と照らし合わせ，運動あそびに偏りがないかどうか，様々な運動動作を行っているかどうか，計画（Plan）を立てる，実際に運動あそびを行う（Do），チェック（Check）する，そしてそのチェックを基に運動あそびを行う（Action）という **PDCA サイクル**が重要である。

内発的動機

PDCA サイクル

4 運動あそびの実践例

　鬼ごっこは，捕まえる子，逃げる子に分かれ，ルールが簡単であり，子どもが大好きな遊びの1つである。鬼が，近づいてきたら，鬼に捕ま

らないように，逃げようとする。その間，逃げる子どももたくさんいるために，ぶつからないように相手をかわそうとしたり，急に方向を転換したり，フェイントをしたりなど，目で見て脳に指令を送り，脳・神経に刺激を与え様々な動作を行っているため，**調整力**を身につけるうえで非常に重要な遊びである。

調整力

事例①：園で遊べる運動あそび

「こおり鬼」は，鬼（鬼は，複数人でも可）と子（逃げる子）に分かれる。鬼は，子を追いかけ，子にタッチしたら，子は，その場で静止する（凍った状態）。しかし，他の子（仲間から）からタッチされると，静止した状態から，よみがえり，再び子は鬼から逃げることができるようになる。子が，すべて凍ったときに，終了になる。

事例②：園で遊べる運動あそび

「手つなぎ鬼」は，鬼（鬼は，複数人でも可）と子（逃げる子）に分かれる。鬼は，子を追いかけ，子にタッチしたら，子は，鬼になる。すぐに鬼と一緒に手をつなぎ，手をつないだ状態のまま，他の子を捕まえに行く。徐々に，つないだ鬼の数が増えていき，最終的には子が，すべて鬼になったときに，終了になる。

※すべての子が，鬼になったとき，みんなが手をつないだ状態になる。その状態から，「なべなべ底抜け♪」などのような遊びを全員で行うことにより，子どもたちに一体感が生まれる。保育者は，連続性を持った遊びを，提供する工夫も必要である。

事例③：家庭で遊べる運動あそび

「逆上がり（クルリンパ）」は，保護者と子どもがお互い両手で手をつなぎ，最後まで手をつないだままの状態にする。保護者は，鉄棒となり，両足で地面をしっかりつけて，その場で踏ん張って，動かない。子どもは，保護者のすね，膝，太ももに足を運び，最後は，蹴ってそのまま一回転する（逆上がりの練習となる）。次は，子どもは，逆上がりが終わった状態から，地面を勢いよく蹴って，一回転する（バク転のような動き）。何度も繰り返すことにより，逆上がりの身体の動き，力を入れるタイミングなどを自然と学ぶことができる。

● 図7-2 ● 逆上がり（クルリンパ）

事例④：家庭で遊べる運動あそび

　子どもは，保護者の片方の足の甲に，お尻を乗せて，足に両手を使って，しっかり抱き着く。その状態から保護者は，子どもを大根と想像し，大根（子ども）を地面から上に抜き取るように，足を動かし，子どもを動かす。「さあ，何本，大根を抜き取ることができるかなぁ」その時，子どもは保護者の足から離れないように，両腕を使って，しっかり抱き着くように促す。保護者は，片脚の甲に子ども（大根）のお尻をしっかり乗せて，落ちないように注意する。

【引用・参考文献】
1）文部科学省中央教育審議会「子どもの体力向上のための総合的な方策について（答申）」2002年，https://www.mext.go.jp/b_menu/shingi/chukyo/chukyo0/toushin/021001.htm（2025年1月10日閲覧）
2）WHO, *Global health risks: mortality and burden of disease attributable to selected major risks*, 2009, pp. 9-12
3）Ikeda N. et al., What has made the population of Japan Healthy?, *Lancet*, 378, 2011, pp. 1094-1105
4）文部科学省幼児期運動指針策定委員会「幼児期運動指針」2012年，https://www.mext.go.jp/a_menu/sports/undousisin/1319771.htm（2024年12月10日閲覧）
5）イリングワース，R. S.，松見富士夫訳『ハンドブック乳幼児の発達診断―知能・精神の正常と異常』岩崎学術出版社，1989年
6）厚生労働省編『保育所保育指針解説〈平成30年3月〉』フレーベル館，2018年
7）Gallahue D. L. et al., *Understanding motor development: Infants, children, adolescents, adults*, (8th edition), Jones & Bartlett Learning, 2019, pp. 305-326
8）近藤充夫監修『三訂新版 乳幼児の運動あそび』建帛社，2000年，p. 35

まとめ

1 幼児期運動指針は，①体力・運動能力の向上，②健康的な体の育成，③意欲的な心の育成，④社会適応力の発達，⑤認知的能力の発達に効果が期待できる。

2 運動の発達には，一定の順序性と方向性がみられる。運動発達の順序は，すべての子どもにおいて同一であるが，発達の過程の速さは，子どもによって異なる。発達の方向は，頭から体幹の中心部に向かい，その後，手，下肢の末梢に向かって進む。

3 6ヶ月から1歳3ヶ月未満は，物につかまって立つ，一人で立つといった運動機能が発達し，腕や手先を意図的に動かすようになる。

4 1歳3ヶ月から2歳未満は，歩き始め，手を使い，言葉を話すようになり，身近な人や身の回りの物に自発的に働きかけていく。

5 2歳頃は，歩く，走る，跳ぶなど基本的な運動機能や指先の機能が発達する。

6 3歳頃は，基本的な運動機能や運動能力が高まり，基本的生活習慣（食事，睡眠，排泄，着脱衣，清潔）ができるようになる。

7 4歳頃は，全身のバランスを取る能力が発達する。片足跳び，スキップをするなど，身体の動きが巧みになる。

8 5歳頃は，運動機能は，大人の行う動きのほとんどができるようになる。

9 6歳頃は，身体的な成熟と機能の発達が見られ，無駄な動きや力みなどの過剰な動きが少なくなり，動き方が上手にできるようになる。

10 幼児期の子どもの運動あそびは，偏った運動ではなく，様々な運動あそびを行うことが大切である。これは，「平衡系運動」「移動系運動」「操作系運動」という3つの運動動作を混ぜながら，楽しく運動あそびを行うことがポイントである。

11 保育者は，定期的に，子どもの運動あそびの計画の中で，運動あそびに偏りがないかどうか，様々な運動動作を行っているかどうか，計画（Plan）を立て，実際に運動あそびを行う（Do），チェック（Check）する，そしてそのチェックを基に運動あそびを行う（Action）というPDCAサイクルが重要である。

第8章

幼児の運動あそび（2）

1 遊具や用具とのかかわり

　現代では，子どもが安心して，野山を走り，木登りをする等の場所が見当たらない。そこで，自然に代わる遊びの場として，子ども自らが「楽しそう」「やってみたい」と心を動かし，子どもの**主体的な活動欲求**を引き出し，登る，ぶら下がる，からだを支える等，体力を高め，運動能力を伸ばすことができる遊具の役割は大きい。

主体的な活動欲求

　遊具は大別して「固定遊具」と「移動遊具」に分けられる。固定遊具には，すべり台，ぶらんこ，ジャングルジム，雲梯，低てつぼう等があり，これらは**友達といっしょに遊ぶ**ことも楽しく，**社会性を身につける**場ともなる。移動遊具には，マット，巧技台（とび箱・平均台・はしご），三輪車などがある。また，運動用具として，ボール，フープ，長なわ，短なわ等がある。

友達といっしょに遊ぶ
社会性を身につける

　子どもは遊具で遊びこむことによって，遊びを発展させながら様々な運動スキルを獲得していく。時には"ヒヤッ"とすることがあるかもしれないが，安全確保に努め，見守りながら遊ばせることが大切である。そして，その経験が子どもを大きく成長させていく。

　遊具や用具を使った遊びや運動をするときは，子どもが**楽しく，安全に活動**できることが何よりも大切である。遊具や用具の状態を把握するためにも，安全点検の実施，ならびに，自らが体験して安全性を確認することも大切である。もしも破損や危険な箇所などの問題が確認されたならば，ただちに使用を中止し，修繕や撤去などの対策を取る必要がある。

楽しく，安全に活動

(1) 遊具で身につく力[1]

① 筋力：筋肉が伸びたり縮んだり，収縮することによって生じる力。

② 瞬発力：瞬発的に大きな力を出して運動を起こす能力。

③ 持久力：長時間運動を継続する筋持久力と呼吸・循環機能の持久力がある。

④ バランス感覚：からだの姿勢を保つために必要な感覚。静止した状態で姿勢を保とうとする力と，動きながら姿勢を保とうとする力がある。

⑤ 協応性：からだの2つ以上の部位の運動を，1つのまとまった運動にする力。

⑥ 敏捷性：からだをすばやく動かして，方向を転換したり，刺激に反応したりする力。

⑦ 巧緻性：からだを目的に合わせて正確に，すばやく，なめらかに動かす力。

⑧ 柔軟性：からだをいろいろな方向へ曲げたり，伸ばしたりする力。

⑨ リズム感：音，拍子に合わせて，無理なく連続的な運動をすること。

⑩ スピード感覚：からだが速い速度で動く中で，自分を取り巻く状況を認識してからだを動かす力。

⑪ 身体認識力：からだの部分（手，足，膝，頭，背中，尻など）とその動きを理解する力。自分のからだが，どのように動き，どのような姿勢になっているかを見極める力。

⑫ 空間認知能力：自分のからだと，自分を取り巻く空間について知り，位置関係を理解する力。

(2) 固定遊具の主な種類と特徴

表8-1に示すのは，園庭や公園などに設置されている主な固定遊具である。また，遊具で遊ぶ際の目安となるよう，遊具ごとの対象年齢と遊び方の例を示した。

● 表8-1 ● 主な固定遊具と遊び方の例

遊具名＼対象年齢	1歳	2歳	3歳	4歳	5歳	遊び方の例
すべり台	○*	○	○	○	○	座りすべり・あおむけすべり
ジャングルジム	○	○	○	○	○	つたい歩き・つたいのぼり・横わたり
雲梯（うんてい）			○	○	○	ぶら下がり・とびつき・ぶら下がりわたり
たいこ橋			○	○	○	手足でぶら下がり・手足わたり
低てつぼう	○*	○	○	○	○	ぶら下がり・ふとん干し・さかあがり
ブランコ		○	○	○	○	座りこぎ・立ちこぎ
のぼり棒				○	○	1本のぼり・2本のぼり
クライミングウォール		○	○	○	○	よじのぼり・横わたり
スプリング遊具			○	○	○	おすわり・おすわりスイング
複合遊具			○	○	○	のぼる・わたる・すべる・ぶら下がる

＊印：保育者要援助

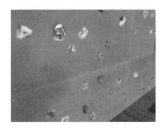

● 写真8-1　クライミングウォール

● 写真8-2　スプリング遊具

1）すべり台

はしごや階段を登って，すべり台の傾斜をすべり降りることにより，スピードが体験できる。座った姿勢を保ちながらすべるため，バランス感覚や腹筋や背筋といった筋力の強化が図られる。また，はしごや階段を登ることで，臀部や脚などの下半身の筋力も強化される。

他にも，すべり面が複数のローラーでできているローラーすべり台，トンネルすべり台，数人が同時にすべることができるワイドすべり台などがある。

2）ジャングルジム

ジャングルジムは，手足を使って登ったり，横へ移動したり，空間をくぐったりすることから，巧緻性や筋力，**身体認識力**や**空間認知能力**が養われる。また，子どもの自由な発想で，ジャングルジムの側面から中心へと活動範囲を広げながら，迷路や鬼ごっこ等，いろいろな遊びが展開できる。

身体認識力
空間認知能力

3）雲梯

　金属でできたはしご状のものを横に倒したような遊具である。はしご部分にぶら下がったり，渡ったりする。雲梯をしっかりと握り，落下しないように体勢を整えながら移動することから，腕，腹筋や背筋などをつかって体を支える，引きつける能力が養われる。また，空間を移動することから，身体認識力，空間認知能力も養われる。

4）ブランコ

　ブランコは，吊り下げられた鎖やロープに座板を渡した遊具である。座っただけでも揺れる感覚が楽しめるが，頭や足を使って自分のからだを前後に揺すり，重心を移動させることによって，大きく揺らすことができる。自分でこげるようになると，スピード感と空中での浮遊感を味わいながら，腕や腹筋などをつかい，バランス感覚が養える。

5）複合遊具

　すべり台，ジャングルジム，雲梯，ネットクライム，のぼり棒などの遊具が一体となっている遊具である。登る，すべる，ぶら下がる，くぐる，バランスをとる等，**子どもの自由な発想**で遊びを展開できる。知的面の発達，筋力の向上，空間認知能力など，**多種多様な運動能力**を養うことができる。

> 子どもの自由な発想
> 多種多様な運動能力

（3）遊具で遊ぶときの10の約束[2]

① 靴をしっかり履いて，脱げないようにする。
② マフラーのように，引っかかりやすいものは外して遊ぶ。
③ 上着の前を開けっ放しで遊ばない。
④ カバンは置いて遊ぶ。
⑤ ひも付き手袋やフード付の服は避ける。
⑥ 上から物を投げない。
⑦ 高所から飛び下りない。
⑧ 遊具に，ひもを巻きつけない。
⑨ 濡れた遊具では，遊ばない。

⑩ 壊れた遊具では，遊ばない。壊れた箇所を大人に伝える。

（4）移動遊具の主な種類と特徴

移動遊具を使うことによって，屋内や屋外でも，回転，支持，跳び越す，逆さになる等の体験ができる。**幼児期は神経系の発達が著しい時期**である[3]ことから，日常生活の中で体験することが少なくなった回転感覚や支持感覚，逆さ感覚といった多様な姿勢変化を体験し，それらの感覚を獲得することは，その後のいろいろな運動の発展につながる。

表8-2に示すのは，屋内（ホール・遊戯室など）や園庭で使用されている主な移動遊具である。近年では，屋内（室内）で使用する，すべり台，ジャングルジム，てつぼう等の開発も増えたことから，より幼い時期から遊具で遊ぶことができる。遊具で遊ぶ際の目安となるよう遊具ごとに対象年齢を示した。

幼児期は神経系の発達が著しい時期

1）ボール

ボールは，片手で扱える小さいものから，両手で抱える大きいもの，素材によって，軽いもの，重いもの，柔らかいもの，硬いもの等，いろいろなボールがある。転がす，キャッチする，投げる，ける等，ボールの特性を生かした遊びや運動を多く経験することによって，ボールを操る**操作系運動スキル**が養われる。

操作系運動スキル

● 表8-2 ● 主な移動遊具と遊び方の例

遊具名 \ 対象年齢	1歳	2歳	3歳	4歳	5歳	遊び方の例
巧技台（とび箱）	○	○	○	○	○	よじのぼり・とびのり・馬のり・台上わたり
巧技台（平均台）		○	○	○	○	追歩・横わたり・立ちわたり・くぐりぬけ
巧技台（はしご）		○	○	○	○	くぐりぬけ・手足わたり・立ちわたり
すべり台（室内用）	○	○	○	○	○	はいのぼり・座りすべり・あおむけすべり
ジャングルジム（室内用）	○	○	○	○	○	つたい歩き・くぐりぬけ・横わたり
低てつぼう（室内用）		○	○	○	○	ぶら下がり・しりあがり・前まわり
マット	○	○	○	○	○	横まわり・前まわり・側転
三輪車		○	○	○	○	三輪車こぎ・三輪車片足のり
ボール	○	○	○	○	○	ころがしキャッチボール・投上げキャッチ
フープ	○	○	○	○	○	ケンパとび・輪なげ・輪まわし
長なわ			○	○	○	へびわたり・大なみ小なみ・まわしとび
短なわ		○	○	○	○	結んで投げっこ・結んでけりっこ・なわとび

対象年齢が低いほど，早い動きへの対応がむずかしいため，ボールの空気を少しぬいて弾みをおさえると扱いやすくなる。

2）フープ

フープは，プラスティック素材で作られた輪状のもので，軽く握りやすいことから子どもでも扱いやすい用具である。フープは，転がす，回す等の操作系運動スキルや，跳ぶ，くぐる等の**移動系運動スキル**が向上する。また，子どもの自由な発想から車のハンドルに見立てたり，みんなで連結して列車に見立てたり，創造力も豊かになる。

移動系運動スキル

3）なわ（長なわ・短なわ）

なわは，長なわや短なわの他にも，綱引きのように太く長いものもある。長なわは，2人でなわを持ち，波に見立てて揺らす，回す，ヘビに見立ててくねくねとうねらせる等のなわを跳ぶ，空中に張ったなわに触れないように跳び越したり，なわの下をくぐったりする。

短なわは，1人でなわを持ち，前や後へなわを回し，回ってきたなわを跳んだりする。なわは柔らかいので，腕の動きを上手くなわに伝えなければなわは垂れ下がり，体に引っかかって回すことができない。なわの動きを察知して跳ぶことから，脚力や調整力，身体認識力や空間認知能力が養われる。

2 運動あそびの事例

（1）サーキットあそび

サーキットあそびは，スタートとゴールが同じ自動車レース「サーキット」から名前をとった遊びである[4]。スタートからゴールまでのコースをまわる間に，走る（移動系），渡る（平衡系），投げる（操作系），ぶら下がる（非移動系）などの運動課題をバランスよく設定する。コースを巡回するサーキットあそびでは，

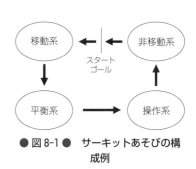

● 図8-1 ● サーキットあそびの構成例

第8章 幼児の運動あそび（2）　73

様々な運動が体験できるので，苦手な運動でも無理なく経験できる。

(2) パラバルーン

パラバルーンは，集団でパラバルーンの縁を持って上下左右に動かしたり，大きく上にあげてから空気をにがさないように素早くさげて山をつくったりする。全身でからだを動かす楽しさを味わいながら，みんなで**協力して創りあげる喜び**を知るのに適した遊具である。また，運動会で日頃の成果を発表したり，親子でも一緒に楽しめる。

● 写真 8-3 ●　パラバルーン
協力して創りあげる喜び

(3) 水あそび

気温が高くなった夏場では，子どもたちは水を十分に使った遊びを好む。子どもが過去の経験から，水にどのくらい親しみ慣れているのか，一人一人のレベルを把握し，プールの中で十分にからだを動かして遊ぶ活動意欲を満たしながら，水あそびの楽しさを経験させることが大切である。

(4) 平均台（島鬼ごっこ）

平均台を島に見立てて鬼ごっこを実施する。平均台と床を鬼に捕まらないように行ったり来たり，**静的平衡運動**と**動的平衡運動**を組み合わせることによって，より一層高いバランス（平衡性）力を獲得することができる（写真8-4）。子どものレベルに応じて，跳び箱を使用するのも良い。

静的平衡運動
動的平衡運動

● 写真 8-4 ●　島鬼ごっこ

(5) なわ（ヘビさん）[5]

2本の長なわを1匹の寝ているヘビに見立てて置き，子どもたちはヘビを起こさないように反対側へ移動する。全員が移動したら，また反対側へ移動する。子どもたちがバタバタと移動したことによってヘビが起きてしまい，お腹がすいて何かを食べるという遊び。

食べるものは，カエル3匹→ニワトリ3羽→ブタ3匹→ウシ2頭→ゾウ2頭など，どんどん大きくなっていき，ヘビのお腹は食べた数だけ波

を打つように大きくなる（なわの幅が広がる）。

　子どもたちは，食べるたびに段々と大きくなっていくヘビのお腹を，またぐ，跳び越すなどしながら反対側へと移動を繰り返す（写真 8-5〜8-7）。

　この遊びでは，ヘビのお腹に広い部分と狭い部分があるため，子どもたち一人一人が，自分の能力に応じて，**自らの意思**で跳び越す場所を選択し，**挑戦と克服**，そして，**感動体験**を繰り返しながら，体力の向上を図ることができる。

自らの意思
挑戦と克服
感動体験

● 写真 8-5 ●
空腹のヘビ

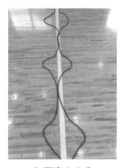
● 写真 8-6 ●
ニワトリを食べたヘビ

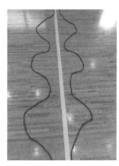
● 写真 8-7 ●
ブタを食べたヘビ

3 保育者の配慮と援助

　子どもは楽しいことが大好きである。保育者は，多様な運動あそびを通して，子ども自身が「楽しかった」「もっとやりたい」「また，やりたい」と思えるよう子どもの心を動かすことが大切である。したがって，「できた」「できない」ばかりに目標が向いてしまうと，できない子どもは楽しめなくなり，その後の活動をやりたがらなくなる。保育者は，人的環境と物的環境を整えることが大切[6]である。それは，子どもがワクワクするような**雰囲気づくり**と**環境の工夫**であり，子どもは楽しいと感じるからこそ繰り返し，繰り返すからこそ，いつかは「できる」ようになるのである。

　子どもが何かに挑戦して「できた」とき，「やったね」「できたね」「すごいね」等という保育者の共感が子どもの大きな自信となり，さらに挑

雰囲気づくり
環境の工夫

第8章　幼児の運動あそび（2）　75

● 表 8-3 ● 幼児期に獲得させたい運動スキル

移動系運動スキル	這う・高這い・歩く・走る・跳ぶ・登る・くぐる　など
平衡系運動スキル	座る・腕で支える・立つ・片足で立つ・渡る　など
操作系運動スキル	つかむ・つまむ・投げる・受ける・蹴る・打つ　など
非移動系運動スキル	押す・ぶら下がる・引く・支える・つかまる　など

出典：日本幼児体育学会編『幼児体育 理論編』大学教育出版，2017年，p.80

戦と克服を繰り返しながら心身ともに成長する。

　子どもは個々の能力に差があることから，苦手意識の高い傾向にある子どもには，保育者の適切な援助が必要である。

　幼児期には，①多様な動きを経験させる，②楽しく体を動かす時間を確保する，③発達の特性に応じた遊びを提供[7]する，そして，それらを通して，4つの運動スキル[8]を獲得させたい（表8-3）。

【引用・参考文献】

1) 前橋 明『あそぶだけ！公園遊具で子どもの体力がグングンのびる！』講談社，2015年，p.9
2) 前橋 明編著『運動遊具の安全管理・安全指導スペシャリスト』大学教育出版，2016年，p.7
3) 前橋 明編著『コンパス 幼児の体育―動きを通して心を育む』建帛社，2017年，p.147
4) 前橋 明『0〜5歳児の運動あそび指導百科』ひかりのくに，2004年，p.222
5) 日本幼児体育学会編『幼児体育 初級 第6版』大学教育出版，2019年，p.144
6) 岩崎洋子編著『保育と幼児期の運動あそび［第2版］』萌文書林，2018年，p.72
7) 文部科学省幼児期運動指針策定委員会『幼児期運動指針ガイドブック』2012年，p.7
8) 日本幼児体育学会編『幼児体育 理論編』大学教育出版，2017年，p.80

まとめ

1 現代は，子どもが安心して，野山を走り，木登りをする等の場所が見当たらない。自然に代わる遊びの場として，子ども自らが「楽しそう」「やってみたい」と心を動かし，子どもの主体的な活動欲求を引き出し，体力を高め，運動能力を伸ばす遊具の役割は大きい。

2 遊具や用具の状態を把握するためにも，安全点検の実施，ならびに，自らが体験して安全性を確認することが大切である。

3 遊具で遊ぶことによって，筋力，瞬発力，持久力，バランス感覚，協応性，敏捷性，巧緻性，柔軟性，リズム感，スピード感覚，身体認識力，空間認知能力が獲得される。

4 幼児期は神経系の発達が著しい時期であり，多様な動きを経験しながら，生涯にわたる生活基盤となる「動き」を獲得する。

5 運動あそびを通して，友だちと協力したり，ルールを守ったり，個々の目標に向かって挑戦と克服を繰り返し，心身を成長させる。

6 保育者は，多様な運動あそびを通して，子ども自身が「楽しかった」「もっとやりたい」等と思えるよう，子どもの心を動かすことが大切である。

7 保育者は，子どもにとっての応援団長的存在であり，人的環境としての役割は大きい。子どもたちに遊びを「教える」のではなく「ヒント」を投げかけ，子どもたちで遊びが展開できるよう援助する。

8 幼児の運動あそびは，身体的な能力を高めるためだけでなく，心の成長も大切にしなければならない。

第9章 保育所・幼稚園における公開行事

1 運動会

(1) 運動会の特性

　運動会は、日本だけの独自の文化であり伝統行事として、ほとんどの保育施設で実施されている。保育所・幼稚園においては、運動会の種目や内容・取組み方法が園の特色となっていることが多い。園ごとの**保育目標・教育目標**が指標となり、運動会に取り組んでいるのである。

保育目標・教育目標

● 写真9-1 ● 運動会の様子

● 写真9-2 ● 運動会の様子「ダンス」

> 　たとえば、A保育所の場合、保育目標の1つが「健康な子ども」であるため、その到達過程の保育内容として運動会の取組みを行い、運動会を実施しているというケースがある。
> 　また、B幼稚園の場合は、教育目標の1つが「友だちと協力できる子ども」とあり、個人競技・種目でなく、組体操や鼓笛隊、綱引き、玉入れ等団体種目を多く取り入れ、運動会を通して子どもが力を合わせる大切さや喜びを知る機会としている。

　運動会は、園生活での**運動あそび**や**表現あそび**といった**身体活動・身体表現**の積み重ねを通して、一人一人の成長を共有し合い、認め合う機会となる。「幼児期の終わりまでに育ってほしい10の姿」に関連し、小

運動あそび
表現あそび
身体活動
身体表現

学校接続を見据えた取組みが大切になる。

　運動会をめざした日常保育は，運動機能を高める機会となるため，年間の行事の中でも「健康教育」に特化した行事となっている園がほとんどである。熱中症対策により，開催時期を10月（秋）だけでなく5月（春）に見直す園もある。

　取組みは，子ども個々の運動能力の向上だけでなく，クラスの友だちと協力する喜びや楽しさ，異年齢と関わり他者に気づく，ルールがあるからこそ楽しめるといった**社会性の獲得**にも大きな役割を持つ。

　運動会が保護者への披露の場だけにならないように目的を明確にし，子どもの成長や健康に留意し，保育者・指導者は**意図的**に・**計画的**に・**組織的**に取り組むことが大切である。

社会性の獲得

意図的
計画的
組織的

（2）保育のねらいと指導の留意点

　運動会種目は，子ども達がやりたくなるように遊びの視点での**導入と展開**が必要である（子どもに合ったリズムなど）。練習の繰り返しだけでは子ども自身の意欲をそこない，運動能力の向上も困難である。夢中になって遊び込むこと（量と質）により，豊富な**運動体験**から，**運動能力・技術の飛躍的向上**を図ることができるのである。

● 写真9-3 ● 運動会競技

導入と展開
運動体験
運動能力・技術の飛躍的
　向上

　「身体を動かすことを楽しむ」「思わずやりたくなる」ような子どもの心が動く指導・展開が求められるため，子どもを理解することも大切である。とくに，乳幼児期の「非認知的能力」を育む援助が必要となる。

　保育者は，総合的な学びの機会が体験できるように意図して**人的・物的環境**を構成することも重要である。また，人的環境として手本の披露や元気に動くことが子どもの意欲に繋がることを自覚する。

人的・物的環境

　教育的内容の**5領域**（健康・人間関係・環境・言葉・表現）を総合的に経験できているか，また，**達成感や充実感**・意欲はどうか等の子どもの心情の確認も大切となる。近年，重要視されている**養護**の内容（生命の保持，情緒の安定）との関連も押さえていく必要がある。たくさん活動することでよく食べ・よく寝て，**健康的に過ごす**機会となる。

5領域（健康・人間関
　係・環境・言葉・表現）
達成感や充実感
養護

健康的に過ごす

　日々の子どもの体験から**共有したイメージの遊び**につなげ，遊びとし

共有したイメージの遊び

● 写真9-4 ● 運動会種目「かけっこ」

● 写真9-5 ● 運動会演目「フラッグ」

て実施することで**個々の経験化**の過程が重要である。表現する喜び・楽しさ，クラスの仲間と役割分担や譲り合いの中で協力する大切さを感じる。子どもの生活体験を活かした保育者の意図（ねらい）も大切であり，**「生きる力の基礎」**を培うために運動会は重要な行事である。

個々の経験化

生きる力の基礎

> 運動会種目を楽しむための保育者・指導者の指導のポイント
> ①提案：運動会種目が楽しめるように，共有したイメージを広げた表現あそびや身体表現として展開していく。
> ②アレンジ：年齢・発達段階に応じた遊びの変化と展開。
> ③達成感・充実感の確認：個と集団による達成感の共有・共感。
> ④認め合う機会：クラスの友だちや異年齢のクラスの取組みを見る，または見られることは他人を受け入れること・認めることにつながる。他人と遊ぶ楽しさを感じるからこそ充実感や達成感を味わう。
> ⑤身体の使い方が分かる：様々な運動の機会を通して身に付く。

鉄棒・跳び箱・マットは，運動会の種目・競技となることが多いが，小学校での「体育」を見通して取り組む（多種目への**順応力**を獲得）。
※子どもは少し難しいことが大好きである。指導する際には，子どもの意欲をいかに引き出すかが指導のポイントとなる。
できるようになっていく**成功体験・自己肯定感**が次の意欲につながる。

● 写真9-6 ● 鉄棒逆上がり

順応力
成功体験
自己肯定感

（3） 実 践 例

事例①：綱引き

綱引きは，団体種目であるが個々の運動能力も重要な競技である。綱を持ち踏ん張る力，上腕の力を使って引っ張る動作のため，3歳児以降の幼児から対応できるが，体力の消耗も激しいため，何度も実施できな

いこともある。

　絵本「おおきなかぶ」から「うんとこしょ，どっこいしょ」と引っ張る身体表現（ごっこあそび）や芋掘りでのサツマイモの蔓（つる）を引っ張る体験など，遊び込むことで運動機能が大きく向上していく。

　簡単なルールがあることで楽しむことができ，仲間と力を合わせることを感じる機会ともなる。掛け声も楽しむための有効な手段である。

● 写真9-7 ● 運動会種目「綱引き」

　もっとやりたいと意欲的になった時に，腰を落とすことや持ち方などの技術的指導によってより楽しめるのである。

事例②：玉入れ

　簡単なルールで楽しむことができる運動会の定番種目。子どもの年齢によって，玉を入れるポールの高さを変える・投げる位置からポールまでの距離を変えるなどの配慮を行い実施していく。

　子どもの投げる動作と共に膝の曲げ伸ばしによるジャンプ（垂直跳び）の**総合的な身体の使い方**がポイントとなるため，保育者は個々の動作・発達の確認と指導を行う必要がある。

> 総合的な身体の使い方

　カエルやウサギになってのジャンプやボールを使用しての的当てゲームなど「玉入れ」に通じる遊びを遊び込むこと（運動機会の量）によって**運動能力・運動機能の向上**を見込むことができる。

> 運動能力・運動機能の向上

事例③：リレー（バトンリレー）

　子どもは本来走ることが大好きである。しかし，走動作は，単純動作のようで発達過程に大きく影響し，子ども自身が自分の体の使い方を分かることが重要である。走る**運動機会の増加**の経験により，走り方に変化が見られるようになる。走る動作の向上がより**楽しさ・面白さ**を増すのである。**リトミックあそび**（スキップ）は，**コーディネーション・神経系の動き作り**として身体を思ったように動かすこと（調整力・空間認知能力の獲得）に有効な遊びであり，多くの園で取り入れている。

> 運動機会の増加
> 楽しさ・面白さ
> リトミックあそび
> コーディネーション・神経系の動き作り
> 調整力・空間認知能力の獲得

　膝が上がり，腕も振れ，スピードが出るようになってくると，子ども

は，速く走る感覚を感じ，ますます走ることが好きになるのである。

リレーは団体種目であるため，個々の走力の向上だけでは楽しめない。「あの子と同じチームが嫌」「あの子のせいで負けた」負けると大泣きするなど個々の主張やトラブルも起きる。相手と競うからこそ，自分の持てる力を出す機会となるが，差別意識を助長する機会になる恐れがある。リレーを通して，相手を認める・受け入れる，勝ち負けだけにこだわらないように指導する必要がある。とくに，保育者の指導においては，子ども同士の「人間関係」の構築や気づきを大切にし，**仲間意識を育む機会**とする意図が必要である。

仲間意識を育む機会

このような点から，「運動会」は総合保育と捉える事ができるのである。

2 水あそびとプールあそび

(1) 特性

週に1回温水プールでの水泳指導を実施し，公開行事としている園や温水プールを完備し，年中水泳指導を行う園もある。

暑い夏場を快適に過ごす1つの機会であり，子ども達には大好きな遊びであるため，毎日実施する園も多い。水あそび・プールあそびがやりたいと意欲的になり，自ら着替え自主的に行動する機会にもなる。

体力の消耗も大きいため，空腹感からよく食べられるようになる。また，疲労感も強く，よく眠ることもできる。水あそび・プールあそびを通して生活リズムも安定し，健康的に過ごすことができる機会となる。

また，水泳技術の獲得は，運動機能・運動能力の大きな向上を見込めることから，健康教育としても重要な活動である。

(2) 保育のねらいと指導の留意点

水に慣れ親しめるようにし，水への恐怖心を持たないような配慮の中で遊びを提供していく。

水あそびは，設置型プール以外で実施し，遊具・用具やシャワーを使用することは，子どもが**水に慣れ親しむ**ためには有効であり，水あそびからプールへの移行も行いやすくなる。

水に慣れ親しむ

> 水に慣れる→水あそび・プールあそびを楽しむ
> →ワニ歩き→バタ足ができるようになる
> →顔を水に浸ける→バタ足で泳ぐ→小学校での水泳授業

　発達過程を踏まえて年齢に応じた**段階的指導**が必要である。

段階的指導

● 写真9-8 ● プールあそび

● 写真9-9 ● ワニ歩き

　年齢毎に段階的に泳ぐ技術を身につけて行く。**水泳技術の獲得**は，自分の命を自分で守ることになり，そのために必要な**運動能力の獲得**も重要である。運動会で走ること（避難訓練），プールで泳げるようになること（救命訓練），遠足で遠くまで歩くこと（移動訓練）は，災害時に安全な避難場所に移動できることや救命活動にも通じているのである。

水泳技術の獲得

運動能力の獲得

　子どもの命や健康に関わる事故防止を考えた場合，入水方法・シャワー・身体を拭く場所や着替え等をはじめとした子どもの導線も含め，環境設定の**安全面を徹底**することが大切である。

安全面を徹底

　子どもは，身体の機能が未成熟であり，体温調節が上手くできないため，身体が冷えやすく，直射日光に対しては，肌・調節器官のダメージも大きい。つまり，風邪，熱中症や脱水症状・日焼け，下痢等を誘発しやすいのである。プール入水時間（乳児は5〜10分間で休憩）を計測し，長時間にならないように，また，日射時間に注意し，水分補給等年齢毎で調整する必要がある。

　園では，集団生活において発症すると登園不可となる感染症（O157・ウイルス性胃腸炎・インフルエンザ・手足口病など）の対策も重要とされ，

マニュアル化した手洗い・うがい指導，共有タオルの使用禁止の徹底などが実施されている。

健康面に留意して実施していないと健康を損なうことになるため，保育者・指導者は細心の注意・配慮がいる。**実施判断基準の統一化**と**安全管理の徹底**をし，必ず**複数の指導体制**で行うことも大切である。保育者（園）と保護者（家庭）間において，子どもの健康面の連絡・連携も重要となるのである。

> 健康面に留意して実施
> 実施判断基準の統一化
> 安全管理の徹底
> 複数の指導体制

❸ 園外保育

園外保育は，保育施設を出ることで体験・経験を味わえる楽しい行事である。子ども達の期待も高く，喜び・楽しさを味わえ，身体活動量も多くなるため，**心身の健康**を大いに見込むことができる。実施する際には，子どもの発達が留意点として重要となる。

> 心身の健康

家庭においては，親子で朝食の摂取や動きやすい服装・靴を意識する機会となり，養育者の**育児教育・育児支援**に繋がるのである。

> 育児教育・育児支援

散歩など**運動の習慣化**は，**心身の安定を図る**ことができ，**健康促進**としての効果が高い。また，**個々の体調（機嫌）の把握**も容易となる。

> 運動の習慣化
> 心身の安定を図る
> 健康促進
> 個々の体調（機嫌）の把握

保育者間で園外保育の目的とねらいを明確にし，**下見**（トイレ，食事場所，遊具）や**スケジュール**（移動時間・1日か半日）などの安全面の確認は行事として定着するための最重要項目である。園児の**人数確認の徹底**など安全確認の**実施マニュアル化**（不審者・事故対応も含め）も大切である。健康面においては，個々の体調の把握・保護者からの伝達・連絡も大切であるが，実施する季節の気温や天候にも注意する必要がある。気温が高い時期での水分補給や熱中症対策，寒い時期の園外での実施時間の注意など，子どもの体調を崩さないよう配慮した内容にする。

> 下見
> スケジュール
> 人数確認の徹底
> 実施マニュアル化
> 不審者・事故対応

園外保育を想定し，園内で子どもに**段階的な確認**（ビニールシートの折り畳み，弁当の出し入れなど）と部分的な**リハーサル**（移動，電車の乗り降りなど）を行っておくことも安全に実施できるポイントとなる。

> 段階的な確認
> リハーサル

園外保育のねらい
①身体を使って遊びながら，体力を向上させる。
②身近な自然や事象を見たり，触れたり，聞いたりしながら好奇心や探究心を深める。
③共通の目的に向かって，工夫や協力，分担などを遊びに取り込み，達成感を味わう。他

(1) 遠足・散歩

子どもの年齢や時期により，様々な遠足や散歩が実施されている。子どもの発達過程の把握も重要であり，歩く距離・体力・トイレ・移動ルート・遠足場所など実施内容に留意していく必要がある。

実施例
①親子遠足
　５月頃に保護者交流の機会として園近隣の公園で実施される。バスに乗り，遊園地や水族館・動物園で実施するケースもある。
②遊園地・水族館・動物園への遠足
　ある程度の長い距離を歩ける幼児クラスが実施（乳児クラスは歩く体力面や排泄などの生活面においてクラス行動が困難）。また，電車移動・交通マナーなどを理解し，集団行動ができる社会性も求められる。子どもの成長が実施の大きな指標となる。
③公園への散歩
　日常の保育の活動として実施されている園も多い。バギーを使用し，０歳・１歳でも散歩で公園に行くケースも多い。

●写真9-10●　乳児散歩

●写真9-11●　散歩：エンドウ豆の収穫

（2）収穫（芋掘り・筍掘り・みかん狩り・稲刈り・畑での野菜収穫）

　子ども達は，園の行事で野菜・果物の収穫を体験することも多い。収穫は，季節に関係しているため自然への関心も高まる機会となる。収穫物によっては，身体を使用し体力の消耗が大きいこともある。

　収穫した野菜や果物は，クッキングや描画・製作など遊びの展開として広がる。食に関する様々な体験を通して，**食に関心を持ち**，意欲的に食に関わる喜びを知る子どもになることは，「**食を営む力を育てる**」ことになる。野菜を育てる〜収穫〜クッキングを通して，食事・睡眠・運動の**生活リズムの安定**や子育て支援につながり，健康教育の行事となる。

食に関心を持つ

食を営む力を育てる

生活リズムの安定

● 写真 9-12 ●　玉ねぎ収穫

● 写真 9-13 ●　冬の駅伝

● 写真 9-14 ●

● 写真 9-15 ●

絵本から共有したイメージで遊ぶ

【参考文献】
1）厚生労働省編『保育所保育指針解説〈平成30年3月〉』フレーベル館，2018年
2）内閣府・文部科学省・厚生労働省『幼保連携型認定こども園教育・保育要領解説〈平成30年3月〉』フレーベル館，2018年
3）三村寛一・安部惠子編著『保育と健康［改訂版］』嵯峨野書院，2013年
4）文部科学省『幼稚園教育要領解説〈平成30年3月〉』フレーベル館，2018年

まとめ

1. 行事における園の目的・年間の位置付けを職員間で共通理解し，心身の発達を助長できる見通し（計画性）を持って取り組む。
2. 子どもの成長や健康に留意し，保育者・指導者は意図的に・計画的に・組織的に取り組む。個々の成長に合わせた関わりが大切。

    運動会への活動（取組み）が，生活リズムの安定や必要な運動能力の獲得に繋がっていることを理解し行う。
3. 運動会を無理なく取り組めるようにするため，保育者の意図による総合的学びとなるように，子どもの生活と遊びの延長線上となるよう工夫する。個々の成長を把握し，個別対応・指導に関わる。
4. 様々な運動会種目に取り組むことは，運動機会・運動経験を増やし，運動能力・技術の向上を見込むことができる。また，人間関係の構築や社会性の獲得など総合的な学びの機会となる。
5. 水あそび・プールあそびは，間違えば重大な事故につながることを自覚し，水質を含めた環境面の安全管理の徹底，子どもの体調把握と年齢別の配慮など健康面への留意点に細心の注意を払うことが大切。また，必ず複数の指導体制で行う。
6. 運動あそび・身体活動による運動能力の獲得は，子ども自身が自分の生命と身体を守れるようになることにつながっている。

    行事を通して，各年齢における個々の必要な運動能力の獲得と生活リズムの安定を確認する。必要に応じて個々に配慮し関わる。
7. 人数確認や遊具・用具の点検，下見，職員の役割分担などをマニュアル化し，職員間の共通認識で安全面の徹底を行い実施する。
8. 身体を動かすことが習慣化すれば，朝食を食べて登園し，安定した生活リズムで過ごすこともでき，家庭への育児教育・育児支援のアプローチにつながる。保育者の体調把握もし易くなる。
9. 園だからこそ体験できる様々な食育活動は，子どもが「食を営む力」を獲得し，生活リズムの安定など健康的に過ごすことができる機会となる。園での食育は，子育て支援・健康教育にも通じている。

第10章 安全教育と事故予防

　乳幼児期は，見るもの触れるものなど様々なものに興味や関心を示し，発育・発達に伴って自分の思い通りに身体を動かすことができるようになり，行動範囲が拡大されると共に危険性も高くなってくるのである。厚生労働省の人口動態統計[1]（表10-1）によると，「**不慮の事故**」による死亡について，0歳児で第3位（5.5%），1～4歳児で第3位（8.1%），5～9歳児で第2位（13.5%）となっており，年齢区分が上がるごとに

不慮の事故

● 表 10-1 ●　死亡順位別にみた年齢階級および構成割合（令和5年）

年齢階級	第1位 死因	%	第2位 死因	%	第3位 死因	%	第4位 死因	%	第5位 死因	%
総数	悪性新生物	24.3	心疾患	14.7	老衰	12.1	脳血管疾患	6.6	肺炎	4.8
0歳	先天奇形等	35.0	呼吸障害等	14.2	不慮の事故	5.5	出血性障害等	3.8	乳幼児突然死症候群	3.5
1～4歳	先天奇形等	25.7	悪性新生物	10.3	不慮の事故	8.1	心疾患	4.3	新型コロナウイルス感染症	3.6
5～9歳	悪性新生物	24.4	不慮の事故	13.5	先天奇形等	11.5	インフルエンザ	6.5	その他の新生物（腫瘍）	4.1

※構成割合：それぞれの年齢階級別死亡数を100とした場合の割合
出典1：厚生労働省「令和5年（2023）人口動態統計（確定数）の概況・第6表」2024年，https://www.mhlw.go.jp/toukei/saikin/hw/jinkou/kakutei23/index.html（2024年11月17日閲覧）
出典2：厚生労働省「令和5年人口動態統計 下巻 第2表 死亡数，死因（死因簡単分類）・性・年齢（5歳階級）別」（e-Stat 政府統計の総合窓口），https://www.e-stat.go.jp/stat-search/files?page=1&query=09200&layout=dataset&stat_infid=000032119365（2024年11月17日閲覧）

● 表 10-2 ●　年齢階級別，不慮の事故死因別死亡数および割合（令和5年）

死因 \ 年齢	0歳 死亡数	%	1～4歳 死亡数	%	5～9歳 死亡数	%
総数	73	100	45	100	46	100
交通事故	4	5.5	14	31.1	15	32.6
転落・転倒	1	1.4	4	8.9	0	0.0
不慮の溺死および溺水	0	0.0	9	20.0	22	47.8
不慮の窒息	65	89.0	15	33.3	4	8.7
煙，火及び火災への曝露	0	0.0	1	2.2	4	8.7
その他不慮の事故（有害物質による不慮の中毒などを含む）	3	4.1	2	4.4	1	2.2

※数値は実数である
出典：上表10-1 出典2と同じ

その割合が増加していることが発表されている。また、この年齢階級別、不慮の事故死因別死亡数および割合（表10-2）をみると、0歳児では「不慮の窒息」による死亡（89.0％）が大半を占め、1〜4歳児でも「不慮の窒息」（33.3％）が最も多く、「交通事故」（31.1％）、「不慮の溺死および溺水」（20.0％）の順となり、5〜9歳児では「不慮の溺死および溺水」（47.8％）が不慮の事故による死亡の半数近くを占め、次いで「交通事故」（32.6％）の順となっている。不慮の事故の多くは周囲の大人（家族・保育者など）の配慮によって未然に防ぐことができるものであると考えられる。しかし、突発的な事故でケガなどが発生した場合、子どもの身近にいる家族や保育者などが迅速に正しい応急処置ができるかどうかがその後の状況（身体）を大きく左右することになる。

1 園内における安全教育

　保育所保育指針または幼保連携型認定こども園（以下認定こども園）の教育・保育要領[2]では、低年齢の保育に関して第2章「保育の内容」あるいは「ねらい及び内容並びに配慮事項」の「乳児保育に関わるねらい及び内容」あるいは「乳児期の園児の保育に関するねらい及び内容」の中で「身近なものと関わり感性が育つ」項目の「内容の取扱い」について「玩具などは、音質、形、色、大きさなど子どもの発達状態に応じて適切なものを選び、その時々の子どもの興味や関心を踏まえるなど、遊びを通して感覚の発達が促されるものとなるように工夫すること。なお、安全な環境の下で、子どもが探索意欲を満たして自由に遊べるよう、身の回りのものについては、常に十分な点検を行うこと」が明記されている。

　子どもの遊び場に死角をつくらないよう、遊具（器具・用具）などの配置や特性および遊びの特徴を十分理解しておく必要がある。また、季節の環境にも配慮して指導を行うことも大切である。

　保育所保育指針および認定こども園の教育・保育要領では、1歳以上3歳未満（満1歳以上満3歳未満の園）児の保育に関するねらい及び内容

の領域「健康」のねらいには「健康，安全な生活に必要な習慣に気付き，自分でしてみようとする気持ちが育つ」や，3歳以上（満3歳以上の園）児の（教育及び）保育に関するねらいおよび内容や幼稚園教育要領第2章の領域「健康」のねらいには「健康，安全な生活に必要な習慣や態度を身に付け，見通しをもって行動する」という項目があり，その内容の中には「幼稚園（認定こども園，保育所等）における生活の仕方を知り，自分たちで生活の場を整えながら見通しをもって行動する」や「自分の健康に関心をもち，病気の予防などに必要な活動を進んで行う」などの安全な生活に関する内容があげられている。また，とくに事故や生命の危険に関する内容として「危険な場所，危険な遊び方，災害時などの行動の仕方が分かり，安全に気を付けて行動する」など，幼児期に身に付ける必要のある重要な面が盛り込まれている。

　教育・保育の現場における施設・設備の**安全管理**を行うことは当然のことであるが，様々な危険から子どもを守るための保護のみに偏ることなく，子どもの発育・発達の状況を見極め，その状況に応じて危険から自分自身の身を守る能力を身につけることが事故予防につながり，幼児期以後の生活面においても重要となってくるのである。保育指導の実践の場をとらえて，きまりを守って安全に遊ぶ方法などを子どもなりに理解させ，普段から保育者の指示通りに行動する習慣や状況に応じて機敏に動作する能力などを身に付けさせることが必要である。また，保護者に対しても**安全教育**を徹底して行い，安全に対する意識の高揚を図り，家庭と園（所）が協力し歩調を合わせて指導していく必要がある。

安全管理

安全教育

2 園（所）内の事故と傷害

　幼稚園・認定こども園および保育所等において，事故防止に向けて万全の対策を立てておくことは必要不可欠なことではあるが，予期せぬ事態から事故は発生するのである。全国の小・中・高等学校・高等専門学校・幼稚園・認定こども園・保育所等が災害共済給付契約をしている独立行政法人日本スポーツ振興センターから，各年度の負傷・疾病，障害，

死亡に関する給付の概況などが報告されている。

それによると，2022（令和4）年度では全国の幼稚園79.3％，認定こども園84.5％，保育所等80.2％が災害共済給付契約をしている。2015（平成27）年度より子育て支援制度の本格実施に伴い，対象区分に「幼保連携型認定こども園」が加わっている。当センターの資料を基にして以下に記述する[3]。

（1） 死亡事故

2022（令和4）年度中の幼稚園・認定こども園・保育所等における保育中の死亡により死亡見舞金が支払われたのは1件（保育所等・5歳・男児）溺死のみである。これまでは午睡中の突然死の報告が多くあったが，それぞれの教育・保育の現場において徹底したリスクマネージメントにより減少させることができたものと思われる。

過去5年間（2018［平成30］年度〜2022［令和4］年度）に発生した死亡事故10件の報告では，午睡中の死亡事故はほとんどなく，この突然死に関連した報告は午睡後と鬼あそび中に転倒して発生した2件（中枢神経系突然死）である。その他，食物をのどに詰まらせたもの2件と遊具（マット）に挟まれたもの1件（窒息死［溺死以外］），転倒による内臓損傷2件，転倒による頭部外傷1件，園外保育中に倒れてきたものの下敷きによる全身打撲1件，2022（令和4）年度の1件（溺死）である。また，学校管理下の死亡事故であるが第三者から損害賠償が支払われたことにより死亡見舞金が支払われず供花料が支払われたものがこの5年間に5件ある。

窒息による死亡や乳幼児突然死などに遭遇する機会の多い職種や保護者は，一次救命処置（人工呼吸や心臓マッサージなど）に関する技術を身に付け，素早く処置が行えるようにしておく必要がある。また，乳幼児の睡眠（午睡）中には定期的に呼吸・体位・顔色・体温などを確認することが必要である。

（2） 負傷・疾病

負傷・疾病の発生割合は幼稚園・認定こども園・保育所等の加入者数

全体の約2.3%（71,929件）で，保育時間の短い幼稚園のみが2％を下回る状況である。男児と女児の発生割合をみると男児の方が約60％で圧倒的に多く，女児が約40％である。

① 負傷・疾病の場合別件数からその割合をみると，「保育中」99％，「通園中」0.9％，「寄宿舎にあるとき」0.1％である。

② 場所別件数からその割合をみると，「園内・園舎内」が最も多く約59.6％，「園内・園舎外」約34.5％，「園外」約5.9％である。「園内・園舎内」全体でみると「教室（保育室）」が約71.4％と最も多く，「遊戯室」約8.7％，「廊下」6.3％である。保育室内の狭い空間での幼児たちの動きに十分注意し，保育室内の教具などの片付け方や配置に気を付け，事故の予防を心がける必要がある。

③ 種類別発生件数からその割合をみると，「挫傷・打撲」が最も多く約30.9％，「挫創」と「脱臼」が約15.6％，「骨折」約12％，「捻挫」約4％の順である。

④ 疾病の種類別発生件数については，「異物の嚥下・迷入」が2,363件（約34％）と最も多く，次いで「負傷による起因」2,046件（約29.4％），「外部衝撃による起因」1,816件（約26.1％），「接触性の皮膚炎」500件（約7.2％），「食中毒」40件（約0.6％），「食中毒以外の中毒」31件（約0.4％），「運動による起因」91件（約1.3％），「心身の負担による起因」32件（約0.5％），「熱中症」39件（約0.6％）の順である。

（3）障害

ここでは，負傷・疾病に止まることなく以下の障害にまで至ったものの件数である。2022（令和4）年度の幼稚園・認定こども園・保育所等における障害の発生件数は11件で，いずれも保育中の事故である。11件中で最も多いのが「外貌・露出部分の醜状障害」7件である。その他，「手指切断・機能障害」2件，「上肢切断・機能障害」1件，「下肢切断・機能障害」1件である。これらの障害に対して日本スポーツ振興センターから障害見舞金が第1級～第14級の等級に該当する障害の程度に応じて支給されることになる。

3 傷害の種類と応急処置

　軽度のケガの応急処置から一刻も早く処置を行う必要のある一次救命処置まで様々であるが，基本的な処置の仕方について熟知し，的確に判断して対応できるようにしておくことが必要である。応急処置はあくまでも応急的なものであるので，適切な処置の後は必ず医師の診療を受けさせる必要がある。

（1） 挫傷・打撲

　身体の一部に何らかの外力が加わり，皮下組織の損傷によっておこる内出血や炎症が主なものである。体表面への出血がほとんど無い状態で，皮下（内）出血がほとんどで腫れや変色が生じ，痛みも生じる。すり傷（擦過傷）も挫傷として扱われるが，表面が剥離した状態であるので処置は挫創と同様となる。また，少しでも骨折の疑いがあれば確実に固定すべきである。

　応急処置：基本的には **RICE 処置**である。 | RICE 処置

Rest（安静）：ケガの部位を動かさないことで，痛みを和らげ，出血がひどくならないようにする。 | Rest

Ice（冷却）：氷嚢やビニール袋に氷水などを入れて冷やすことで，毛細血管の活動を鈍らせ，腫れや炎症を抑える。 | Ice

Compression（圧迫）：ケガの部位に外から適度な圧迫を加えることで，出血などによる腫れがひどくならないようにする。 | Compression

Elevation（挙上）：ケガの部位を心臓より少し高くすることで，痛みを和らげ，出血がひどくならないようにする。 | Elevation

（2） 挫　創

　先に述べた挫傷とは異なる損傷の形態で，皮膚組織の連続が断たれ開放され，体表面への出血が伴い，細菌感染の危険性があり，痛みが生じる。大量出血がなければ緊急度はそれほど高くない。

応急処置：出血に対する止血（直接圧迫止血・間接圧迫止血），清潔なガーゼ（布）で傷口を覆うことで細菌感染を防ぎ，包帯などで清潔なガーゼの上から圧迫して止血（直接圧迫止血）するとともに固定して安静を図り，痛みを軽減する。傷口には脱脂綿やちり紙などは使用せず，必ず清潔なガーゼやハンカチ（布）などを使用すること。

止血法：傷の範囲，位置，深さなどによって出血の量は様々だが，出血の量が多い場合はただちに止血する必要がある。とくに大量出血の場合は素早く適切に止血を行わなければ生命の危険が生じる。

直接圧迫止血：出血部位に滅菌ガーゼや清潔なハンカチ（布）などを直接あて，手や包帯で圧迫を加えて出血を抑える方法で，最も基本的で確実である。

間接圧迫止血：出血がひどく直接圧迫止血が直ちに行えない場合（直接圧迫止血の準備ができるまでの間），出血部位から心臓に近い動脈に手や指で圧迫を加え，血液の流れを止めて止血する方法。

　　直接圧迫止血だけでは止血できない場合，直接圧迫止血と間接圧迫止血を併用することもある。

（3）骨折・脱臼・捻挫

骨折：骨折には，骨の連続性が断たれた「完全骨折」と連続性が保たれた「不完全骨折」がある。また，「皮下骨折」と骨が皮膚を突き破っているような「開放骨折」があるが，開放骨折の場合は，緊急度が高く変形していることが多い。皮下骨折の場合でも変形していることがある。

　　骨折の症状としては，変形，腫れ（内出血），骨折部の痛み，機能（運動）障害などがある。触れて確認することや健康な方の骨と比較してみるなどして，少しでも骨折の疑いがある場合は固定する。

応急処置：変形があっても元に戻そうとせず，骨折部が動かないように，骨折部の上下の関節を含む「長さ」，十分な「幅」と「強度」のある副子を用いて固定する。

　　鎖骨骨折や肋骨骨折などは副子を用いない。鎖骨骨折の場合は，包帯や三角巾で骨折している側の肩関節が動かないよう体に固定す

る。肋骨骨折の場合は，幅の広い三角巾などで胸郭の動きをある程度抑制するようにする。

脱臼：脱臼は，関節が完全に外れてしまったものであるが，外れかかって途中で止まった亜脱臼がある。幼児の場合，腕を急激に引っ張ると肘関節が外れる「肘内障」が発生する。

脱臼の症状は，変形，痛み，機能（運動）障害である。関節周辺の靱帯，関節包，筋肉，腱などの損傷である。

応急処置：膝関節の脱臼や肘関節の脱臼（肘内障）の場合は骨折と同様に関節が動かないように副子などで固定する。肩関節の脱臼の場合は，三角巾などで腕を吊ることができれば吊って，さらに体に固定する。

捻挫：捻挫は，関節が外れかかって戻ったものである。関節周りの靱帯や関節包の損傷であり，微細な損傷から完全断裂まで幅広い。

応急処置：基本的には挫傷・打撲と同様に RICE 処置である。しかし，少しでも骨折の疑いがあれば確実に固定すべきである。

(4) 熱傷

熱傷は，皮膚表面の損傷により細菌感染の危険性が高くなり，痛みも激しい。表皮から皮下組織（深部）にまで達するものや広範囲の熱傷は緊急度が高くなる。できるだけ早く救急車を要請して，早期に専門的治療を受ける必要がある。体表面の 10％以上（手のひらが 1％として，腕 1本が乳児 10％，小児～成人 9％として計算）の熱傷はショックを引き起こす危険性があり緊急を要する。

応急処置：清潔な水（水道水）などで患部に直接当たらないようにして痛みが軽減するまで冷却する。その後，清潔なガーゼ（布）などで覆い，圧迫しないように包帯などでガーゼ（布）などを固定する。

衣服の上からの熱傷の場合は，無理に衣服を取り除かず，衣服の上から清潔な水などで冷却する。

(5) 鼻出血

鼻出血が起こる原因は，転倒や衝突による外部からの衝撃，急激な温

度差などでも起こる。幼児の場合，鼻いじりなどで出血を起こしやすいので注意する必要がある。

　応急処置：座らせて頭部を前屈（下向き）にし，鼻翼のやわらかい部分をつまみ，鼻腔に向かって強く圧迫する。冷やすことができれば鼻頭から額にかけて冷やすのもよい。

（6）熱中症

　熱中症は，高温，多湿などの暑熱環境で体の熱放散や汗の蒸発がうまくいかなくなることによって，水分や塩分のバランスが崩れ，体温調節や体液の調節ができなくなり障害が発生する。とくに反応の鈍い高齢者や新陳代謝の盛んな子どもなどは熱中症に陥りやすく生命の危険が高くなる。暑熱環境で活動するときは，こまめに水分や塩分を補給し，環境に適応した衣服の調節や涼しい場所で休息をとり，熱中症の予防に努める必要がある。

　日本救急医学会熱中症分類2015（熱中症診療ガイドライン2015）によると[4]，従来の分類とは異なり，Ⅰ度～Ⅲ度に分類され，Ⅰ度（従来：熱失神・熱けいれん）の症状（めまい，大量の発汗，失神，筋肉痛，筋肉の硬直［こむら返り］［意識障害を認めない］）が徐々に改善している場合のみ，現場の応急処置と見守りでかまわないとしている。しかし，Ⅱ度（従来：熱疲労）の症状（頭痛，嘔吐，倦怠感，虚脱感，集中力や判断力の低下［JCS 1以下］）が出現したり，Ⅰ度に改善がみられない場合，すぐ病院へ搬送する（周囲の人が判断），としている。

　応急処置：涼しい場所で安静にして，水スプレーなどで水を体に吹き付けるなどして，うちわなどで風を送り体表の冷却を行い，水分と塩分の補給を行う。スポーツドリンクなどで代用することも可能である。また，冷たい濡れタオルで頸部（首筋），腋下（わきの下），股の付け根などを拭くことによって，体温を低下させることができる。

4 一次救命処置

(1) 気道内異物の除去

　乳幼児の事故の中で，食事中や睡眠中の窒息の事故が発生している。窒息であることを早期に判断して適切な気道内異物の除去ができれば生命を失うことはないのである。

　顔や手足が徐々に紫色（チアノーゼ）に変色し，声を出せない状態であれば窒息を疑う。そのまま放置すると呼吸ができなくなり生命の危険が生じる。窒息と判断した場合，速やかに119番通報を行い，異物を取り除く。

　応急処置：頭部を低くし，手のひらの付け根（手掌基部）で背中を強く叩く「**背部叩打法**」と，傷病者の後方から手を回し，臍の直上（みぞおちより下方）に片方の手の親指側を当て，その上からもう一方の手をかぶせるようにして手前上方に突き上げる「**腹部突き上げ法**」を数回ずつ，異物が取り除けるか，反応がなくなるまで交互に繰り返す。乳児には，腹部突き上げ法は用いず，片方の手で頭をしっかり保持し，もう一方の手の2本の指で胸の中央（胸骨上）を連続して圧迫する「**胸部突き上げ法**」を行う。反応がなくなれば(2)一次救命処置（心肺蘇生法とAEDの使用）に移行する。

　腹部突き上げ法を実施した場合，内臓を損傷している場合があるので，腹部突き上げ法を実施したことを救急隊や医療関係者に確実に伝える必要がある。

背部叩打法

腹部突き上げ法

胸部突き上げ法

(2) 一次救命処置（心肺蘇生法とAEDの使用）[5]

　病気や事故などによるケガで，突然意識がなくなり，心肺機能が低下または停止状態になり，まさに生命の危険が迫っている者に対して，心肺蘇生法（人工呼吸と胸骨圧迫心臓マッサージ［心臓マッサージ］）やAED（自動体外式除細動器）による除細動などを行って緊急的に生命を維持す

ることが一次救命処置（一般市民が行う救命手当）である。異常を発見した者がただちに一次救命処置を開始しなければ時間の経過とともに蘇生率が低下する。緊急事態に備え保育者がすばやく適切な行動がとれるよう，年に1回は心肺蘇生法やAEDの使用法などの救命手当などの講習会に必ず参加して熟知しておくことが必要である。また，園内において事故を想定したシミュレーションを実施し，施設内の職員間ですばやく連携がとれるようにして万全の対策を立てておく必要がある。

　異常な状態で倒れている子どもを発見したならば，次の図BLS（一次救命処置）アルゴリズムの手順に従って実施する（図10-1参照）。

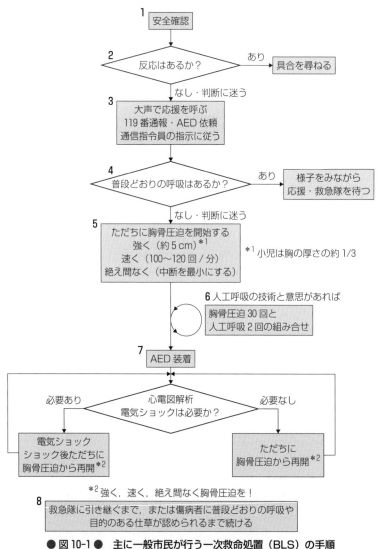

● 図10-1 ● 主に一般市民が行う一次救命処置（BLS）の手順
出典：日本蘇生協議会監修『JRC蘇生ガイドライン2020』医学書院，2021年，p.20

【引用・参考文献】
1）厚生労働省「令和 5 年人口動態統計 下巻 第 2 表 死亡数，死因（死因簡単分類）・性・年齢（5 歳階級）別」（e-Stat 政府統計の総合窓口），https://www.e-stat.go.jp/stat-search/files?page=1&query=09200&layout=dataset&stat_infid=000032119365（2024 年 11 月 17 日閲覧）
2）内閣府・文部科学省・厚生労働省『平成 29 年告示 幼稚園教育要領 保育所保育指針 幼保連携型認定こども園教育・保育要領〈原本〉』チャイルド本社，2017 年
3）日本スポーツ振興センター「学校等の管理下の災害（災害共済給付状況）［平成 30 年版］～［令和 5 年版］」，https://www.jpnsport.go.jp/anzen/kankobutuichiran/kanrika/tabid/3025/Default.aspx（2024 年 11 月 15 日閲覧）
4）日本救急医学会「熱中症診療ガイドライン 2015」2015 年，p. 7，https://www.jaam.jp/info/2015/pdf/info-20150413.pdf（2024 年 11 月 18 日閲覧）
5）日本蘇生協議会監修『JRC 蘇生ガイドライン 2020』医学書院，2021 年，p. 20

まとめ

1 乳幼児期については，ハイハイや立って歩くようになると不慮の事故の危険性が高くなるので子どもから目を離さないことである。

2 園内における事故の要因は，単一の問題だけではなく，複合的に重なり合って突発的に発生することが多いことから，様々な要因を精査，抽出した上で事故防止策を考える必要がある。

3 事故が発生した際には，その状況について詳細な記録を残し，保護者への連絡および再発防止に向けた改善策に役立てる。

4 事故防止策として安全管理の徹底はもちろんのこと，幼児への安全教育と同時に保護者に対する安全教育も合わせて実施することが必要である。

5 事故を完全に防ぐことは困難であるが，万一に備えた応急処置や一次救命処置など，素早く対応できる体制を整えておくことが大切である。

6 乳幼児の午睡時の呼吸・体位，顔色，体温などを定期的に観察し，窒息や突然死などの防止に役立てる必要がある。

7 応急処置の際に少しでも不安があれば躊躇することなく119番通報し，状況を的確に伝えるとともに，現場での指示を仰ぎ救急車の要請を行う。

8 普段から園医さんや近隣の医療機関と素早く連携がとれるよう適切な関係を築いておくことも大切である。

9 保育の現場や家庭内および家庭周辺の危険な場所・物などについて考えてみよう。

10 皆さんがこれまでに「ヒヤッ!!」「ハッ!!」としたことについて話し合ってみよう。

第11章
幼稚園における指導計画と指導案

1 領域「健康」における幼稚園教育要領改訂のポイントと解説

「健康」,「人間関係」,「環境」,「言葉」,「表現」の5領域の1つである「健康」は,「健康な心と体を育て,自ら健康で安全な生活をつくり出す力を養う」という観点から,次の3項目のねらいがある。

《ねらい》
① 明るく伸び伸びと行動し,充実感を味わう。
② 自分の体を十分に動かし,進んで運動しようとする。
③ 健康,安全な生活に必要な習慣や態度を身に付け,**見通しをもって行動する**。

> 見通しをもって行動する

2018（平成30）年4月1日施行の幼稚園教育要領[1)]では,「ねらい」の上記③の下線部の文言が新たに追加された。これは,「子どもが幼稚園で先生や友達と関わりながら主体的な活動を展開する中で,基本的な生活習慣を身に付け,徐々に見通しをもって行動できるようになる。」ということを示している。たとえば,子どもが「園庭で遊んだ後や食事の前だから,手を洗おう。」と先を見通して自分で考えて行動できるようになる。

また,領域「健康」のねらいを達成するために指導する事項として次の10項目の内容がある。

《内容》
① 先生や友達と触れ合い,安定感をもって行動する。
② いろいろな遊びの中で十分に体を動かす。
③ 進んで戸外で遊ぶ。
④ 様々な活動に親しみ,楽しんで取り組む。

⑤ 先生や友達と食べることを楽しみ，**食べ物への興味や関心をもつ。** 食べ物への興味や関心を
もつ

⑥ 健康な生活のリズムを身に付ける。

⑦ 身の回りを清潔にし，衣服の着脱，食事，排泄などの生活に必要な活動を自分でする。

⑧ 幼稚園における生活の仕方を知り，自分たちで生活の場を整えながら見通しをもって行動する。

⑨ 自分の健康に関心をもち，病気の予防などに必要な活動を進んで行う。

⑩ 危険な場所，危険な遊び方，災害時などの行動の仕方が分かり，安全に気を付けて行動する。

ねらいを達成するために指導する10項目の内容については，⑤の「先生や友達と食べることを楽しみ，食べ物への興味や関心をもつ。」の下線部の文言が新たに追加された。前回の幼稚園教育要領の改訂（2009［平成21］年4月施行）で食育の内容が取り入れられ，今回の改訂では，「子どもが先生や友達と食べる喜びや楽しさを味わい，様々な食べ物への興味や関心をもつことで食の大切さに気付き，進んで食べようとする気持ちになる。」という食育を通じた望ましい食習慣を形成するために指導する事項として盛り込まれた。たとえば，保育者は，子どもに野菜に関する絵本の読み聞かせを行う。その後，園内で野菜を栽培し，収穫して食べることで，子どもは様々な発見をし，それが興味や関心につながり，食の大切さに気付くようになる。保育者は，子どもが食べ物への興味や関心をもつようなきっかけをつくっていくことが大切である。

2 幼稚園教育要領と指導計画の作成について

2018（平成30）年施行の幼稚園教育要領の改訂において，指導計画を作成するにあたり留意すべきことは，幼稚園教育要領の第1章総則第4の3に8つのポイントとして示されている。その中の2つ目のポイントとして，「幼児が様々な人やものとの関わりを通して，多様な体験をし，心身の調和のとれた発達を促すようにしていくこと。その際，幼児の発

達に即して**主体的・対話的で深い学び**が実現するようにするとともに，心を動かされる体験が次の活動を生み出すことを考慮し，一つ一つの体験が相互に結び付き，幼稚園生活が充実するようにすること。」がある。上記の下線部の「主体的・対話的で深い学び」について，たとえば，保育者は，竹馬に乗ることができない子どもに対して，どうすれば竹馬に乗ることができるかをアドバイスする。その際，保育者は，子どもが主体的に対話しやすい環境を整え，子どもへの多様な体験を通して，自ら考えさせることが大切である。保育者は，このような視点を意識して指導計画を検討する必要がある。

　指導計画には，年，期，月などの単位で作成する長期的な指導計画と週，日などの単位で作成する短期的な指導計画がある。

(1) 指導計画の考え方

　指導計画は，幼稚園の教育要領のねらいに基づき，内容，環境の構成と保育者の指導や援助，その方法などを具体的に示したものである。指導計画には，子どもの主体的な遊びを通しての活動と，保育者による指導の計画性を関連づけることが重要である。つまり，保育者は，子どもの主体的な活動が生かされるような計画を立てる必要がある。今回，改訂された幼稚園教育要領の第1章総則第2では，幼稚園教育において育みたい資質・能力として「**知識及び技能の基礎**」「**思考力，判断力，表現力等の基礎**」「**学びに向かう力，人間性等**」[2]の3つの柱を示している。また，この「資質・能力」を育てようとするときに，どういった点に注意して指導を行えばよいかを具体的な「姿」として定めたものが，第1章総則第2の3にある「**幼児期の終わりまでに育ってほしい10の姿**」[2]である。この10の姿とは，5領域の内容を踏まえながら①健康な心と体，②自立心，③協同性，④道徳性・規範意識の芽生え，⑤社会生活との関わり，⑥思考力の芽生え，⑦自然との関わり・生命尊重，⑧数量や図形，標識や文字などへの関心・感覚，⑨言葉による伝え合い，⑩豊かな感性と表現である。保育者は，指導計画を立てる際に，「10の姿」を意識して取り入れることにより，子どもにどのような資質・能力が育っているかを把握することができる。

指導計画を作成する際には，どのような発達段階にあるのか，何に興味や関心をもっているのかといった一人一人の子どもの実態を把握することが大切である。そして，5領域の内容を踏まえながら「幼児期の終わりまでに育ってほしい10の姿」を育むような指導を考える。さらに，子どもたちの日々の状況に応じた保育を進める上での「安全な環境」，「発達に応じた環境」，「興味や関心に応じた環境」などを適宜組み合わせて，環境を構成していくことが重要である。

（2）長期的な指導計画（年，期，月）

　長期的な指導計画は，保育者がこれまで子どもたちに実践してきた中での反省や蓄積された記録に基づいて作成される。子どもの発達や生活の実情などを踏まえて，今年はどのような方針で指導を行うかなど指導の重点を明確にする必要がある。

　年間指導計画は，幼稚園の教育目標を基に教育課程に沿った1年間の生活を見通したものである。　　　　　　　　　　　　　　年間指導計画

　期の指導計画は，1年間を学期，発達，季節などの節目に分けてとらえたものである。　　　　　　　　　　　　　　　　　　期の指導計画

　月間指導計画（月案）は，年間指導計画を月ごとに具体化して作成するために，1ヶ月の生活を見通したものである。前月の子どもの姿を踏まえつつ，来月へのつながりも考慮して今月のねらいや内容を考える。　月間指導計画（月案）

（3）短期的な指導計画（週，日）

　短期的な指導計画は，毎日の子どもの生活に応じた最も具体的なものであり，学級の実情や一人一人の子どもの生活する姿を捉えながらどのように保育を展開すればよいかを考え，ねらいや内容，環境の構成や保育者の援助を具体的にイメージしながら作成する。

　週の指導計画（週案）は，月間指導計画の中の1週間を見通して活動を具体的に作成したものである。前週の子どもの姿を踏まえつつ，来週へのつながりも考慮して今週のねらいや内容を考える。　　　　週の指導計画（週案）

　日の指導計画（日案）は，その日の保育をどのように展開するのかについて1日の子どもの生活を見通したものである。　　　　　　　日の指導計画（日案）

（4）指導案の実践例

　指導案の実践例として，5歳児の運動遊びにおける年間指導計画[3]（表11-1参照）とそれに基づく1日の指導計画である日案[3]（表11-2参照）について紹介する。日案では，ねらいとして「自分の力を発揮し，運動遊びに積極的に取り組む」「異年齢と一緒に体を動かして遊ぶことを楽しみ，優しさや意欲を高める」を考え，表11-2に示したような予想される幼児の活動に対して環境の構成図や援助について具体的に記載している。

（5）指導の振り返りおよび評価

　今回の幼稚園教育要領の改訂において，幼稚園は，教育課程を中心に教育課程に係る教育時間の終了後等に行う教育活動（預かり保育）の計画，学校保健計画，学校安全計画を関連させ，教育活動が展開されるように**全体的な計画**を作成する必要がある。幼稚園では，子どもの姿や地域の実情等を踏まえつつ，どのような教育課程を編成し，指導計画を立て，実践・評価・改善していくのかという「**カリキュラム・マネジメント**」を確立することが求められている。これについては，園長だけでなく，全教職員で考えていくことが大切である。

　評価は，各園の教育内容や指導の改善のために行うものである。保育者は，指導計画を立てた際の「幼児期の終わりまでに育ってほしい10の姿」や「主体的・対話的で深い学び」などの視点から保育者の子どもへの関わり方や指導などを評価し，改善を図っていく必要がある。

　たとえば，日案は，長期的な見通しをもった指導計画に関連しながら，保育者が子どもの実態に即したねらいや内容，環境構成を具体的に立案する（Plan）。そして，実際の保育を展開する（Do）。その後，ねらいに対して実態に即していたのか，この保育活動にどのような成果や課題があったのか評価をする（Check）。そして，改善すべき内容を検討し，次の日案を作成する（Action）といった**PDCAサイクル**（図11-1参照）に基づいて，幼稚園の教育内容の充実に向けた取組みを行う。保育者は，長期的な計画（全体的な計画，年，期，月）と短期的な計画（週，日）に対して，PDCAサイクルを効果的に回していくことが重要である。

全体的な計画

カリキュラム・マネジメント

Plan
Do

Check

Action
PDCAサイクル

● 表11-1 ● 年間指導計画（5歳児の運動遊び）

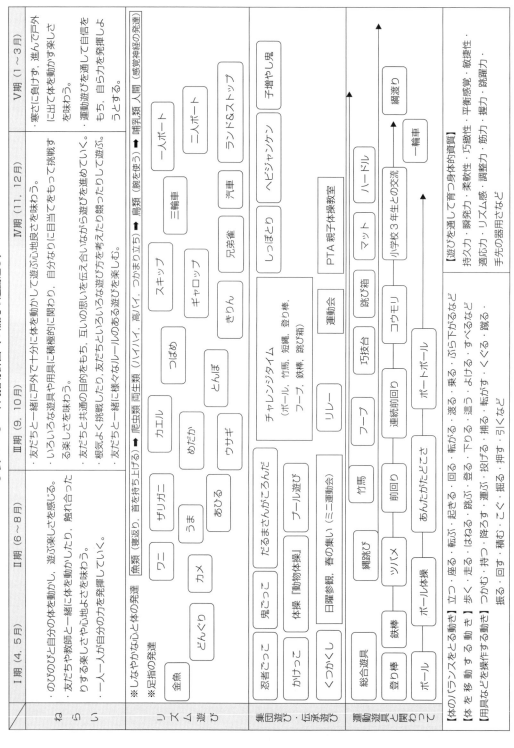

出典：「平成28年度 幼稚園教育実践交流会 富田林市立川西幼稚園 資料」pp. 11, 21 を一部改変して引用

● 表11-2 ● 1日の指導計画（5歳児の運動遊び）（11月25日［火］）

5歳児　すずらん組 16名（男児 4名、女児 12名）　1日の流れ　環境構成図及び援助　◯4歳児のねらい　◎5歳児のねらい　▲教師の援助　・準備物　△レベルアップ後の環境

時間	予想される幼児の活動	さる登りの術（登り棒） 筋力、持久力	にんにんばの術（ケンパーケン） 筋力、調整力、平衡感覚	縄渡りの術（ロープ渡り） 平衡感覚、握力
8:30	◎登園する ・挨拶をする ・持ち物の始末をする ・好きな遊び ・運動遊具チャレンジ	◯やってみたいという意欲、勇気をもって挑戦することを楽しむ。 ◎あきらめずに登ろうとする気持ちをもつ。 ▲5歳児の姿に憧れの気持ちをもち、やってみたいと思う意欲を育む。チャレンジする勇気を認め、補助する。 ▲安全面に配慮し、落ちないように付き合って支える。 ・登り棒、タンバリン、足ふきタオル	◯ケンケンは片足立ちでバランスをとり、パーでは両足でしっかり止まり、全身を使って楽しく遊ぶ。 ◎テンポ良くケンパーをし、全身を使って楽しく遊ぶ。 ▲遊びの楽しさを共有し、励ましの言葉をかける。 ・ケンパー、ハードル、踏切板、白線 △ハードルの高さが高くなる。ケンパの距離が長くなる。	◯ゆらゆらする感覚、スリルを楽しむ。 ◎◯◯遊びながらバランス感覚を身につける。 ◎自分なりに目標をもち、挑戦する。 ▲チャレンジ精神を大切に、ロープ渡りの感覚を楽しめるように体を支える。 ▲最後まで渡り終えた時に達成感を得られるように、声をかける。 ▲安全面に留意し、一人ずつ挑戦するように、前の子が渡り終えてから出発するなど約束事を徹底する。 ▲しっかりロープを握り、落ち着いて渡れるように言葉をかける。 ・ロープ上下、マット、机
9:25	◯片付けをする			
9:30	◯当番活動 ◯朝の会			
10:10	◯忍者の修行 P D 「ガッツ忍者になるぞ」			
10:50	・修行のコースを話し合う C ・グループごとにレベルアップ ・修行台絵に描く ・ペアでどこから行くか相談	仲良しの術（ボール）手先の器用さ、調整力	はしご渡りの術（巧技台、はしご）平衡感覚	縄の術（短縄、長縄）リズム感、跳躍力
11:30	◯お弁当を食べる	◯ボールに興味をもつ。 ◯ボールに触れ、投げたりすることを楽しむ。 ◎4歳児と一緒にボールで遊ぶことを楽しむ。 ▲5歳児は、必要に応じてボールの扱い方のコツを、4歳児に知らせるように促す。 ・ボール、ボール置き、白線	◯はしごを渡るのを楽しむ。 ◯いろいろな渡り方を考えたりのし、挑戦する。 ▲最後まで渡り終えた時の達成感を感じられるように、渡り方を知らせたり、体を支えたりする。 ▲意欲的に取り組めるような言葉がけを行う。 ・巧技台、はしご、マット、カラーボックス	◯縄での遊びに興味をもつ。 ◎4歳児がやりたいことに気づき、一緒に縄遊びを楽しんだり、跳ぶ姿を見てもらったりすることで自信をもつ。 ▲興味をもって関わることができるように、跳ぶだけでなく、形を作って遊んだり、縄の上を歩いたりすることで興味がもてるようにする。 ・短縄、長縄 △長縄（ヘビ→レベルアップ後は回す）
12:30	◯環境構成図参照 ※環境構成図参照			
12:50	◯園庭に集まる（雨天時は遊戯室）			
12:55	◯4歳児と5歳児のペアになる P			
13:00	◯秘伝の忍術 ・運動器準備体操 ・ペアでどこから行くか相談 ・修行タイム	山越えの術　瞬発力、筋力		
13:15	◯レベルアップタイム D	◯ジャンプの着地の際、膝を曲げる。 ◯5歳児の姿を見て、跳び方を真似て楽しむ。 ◎ジャンプを楽しさや、着地の仕方を楽しむ。 ▲安全面に配慮し、危険が無いように見守る。 ▲5歳児には、4歳児にいろいろな着地の仕方を教えてあげられるように必要に応じて声を掛けて促し、教えようとする姿を認める。 ・カラーボックス、技巧台、マット △カラーボックスの高さが2段目になる。		
13:25	◯今日の遊びについて振り返る C			
13:35	◯片付けをする			
13:50	◯降園準備をする			
14:00	◯降園する			

P…Plan（計画）　D…Do（実践）　C…Check（評価）　A…Action（改善）

出典：「平成28年度 幼稚園教育実践交流会 富田林市立川西幼稚園 資料」pp. 11, 21 を一部改変して引用

第11章　幼稚園における指導計画と指導案

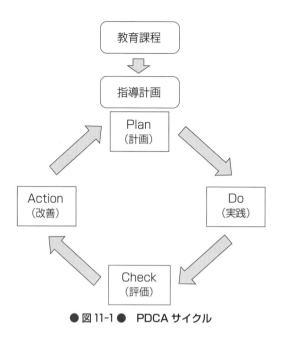

● 図 11-1 ●　PDCA サイクル

【参考文献】
1）無藤 隆監修『幼稚園教育要領ハンドブック』学研教育みらい，2017 年，pp. 55-103
2）無藤 隆『3 法令改訂（定）の要点とこれからの保育』チャイルド本社，2017 年，pp. 22-44
3）「平成 28 年度 幼稚園教育実践交流会 富田林市立川西幼稚園 資料」pp. 11, 21

まとめ

1 幼稚園教育要領改訂における領域「健康」のねらいのポイントとして，子どもが幼稚園での主体的な活動を通して，健康，安全な生活に必要な習慣や態度を身に付け，『見通しをもって行動する』ことが大切である。

2 領域「健康」のねらいを達成するための内容のポイントは，子どもが先生や友だちと食べることを楽しみ，『食べ物への興味や関心をもつ』ことで，食の大切さに気付き，進んで食べようとする気持ちになることである。

3 指導計画を作成する際には，一人一人の子どもの実態を把握し，「幼児期の終わりまでに育ってほしい10の姿」「主体的・対話的で深い学び」などの視点から指導法を考え，子どもたちの日々の状況に応じた環境を構成していくことが重要である。

4 保育者は，指導計画を立てた際の資質・能力として「知識及び技能の基礎」「思考力，判断力，表現力等の基礎」「学びに向かう力，人間性等」の3つの柱および「幼児期の終わりまでに育ってほしい10の姿」や「主体的・対話的で深い学び」などの視点から，保育者の子どもへの関わり方や指導などを評価し，改善を図っていくことが大切である。

5 指導の振り返りおよび評価では，長期的な見通しをもった計画（全体的な計画，年，期，月）と短期的な見通しをもった計画（週，日）に対してPDCAサイクルを効果的に回していくことが必要である。

第12章

保育所における指導計画と指導案

保育所保育指針改定にともなう「健康及び安全」におけるポイントと解説

2008（平成20）年の**保育所保育指針**の改定から10年。今回，2018（平成30）年の改定に当たっては，**社会情勢の変化**（とくに保育所利用児童数の増加，子ども・子育て支援新制度の施行，児童虐待対応件数の増加等），および同時期に審議された**幼稚園教育要領**の改訂に向けた検討の状況等を踏まえて行われた。

保育所保育指針
社会情勢の変化
幼稚園教育要領

（1）保育所保育指針の第7章構成から第5章構成にかわる，改定の方向性

保育所保育の基本原則となる第1章総則，第2章保育の内容，第3章健康及び安全，第4章子育て支援，第5章職員の資質向上。各章の改定ポイント。

① 保育所保育における**幼児教育**の積極的な位置づけ。

幼児教育

② 乳児・1歳以上3歳未満児の保育に関する記載の充実。3歳以上児の保育について，幼稚園，認定こども園との整合性を確保。

③ 子どもの育ちをめぐる環境の変化を踏まえた食育の推進，健康及び安全の記載の見直し。

④ 保護者・家庭及び地域と連携した子育て支援の必要性。

⑤ 職員の資質・専門性の向上。

上記の5点が示された。

（2）保育所保育指針の第1章から第5章で構成され,「健康及び安全」は第3章に改定された点について

旧第5章から第3章に改定された「健康及び安全」については,子どもの育ちをめぐる環境の変化を踏まえ,食育の推進,災害への対応,安全な**保育環境**の確保等に関して,記載を充実し見直すこととされている。

> 保育環境

子どもの生命と心の安定が保たれ,健やかな生活が確立されることは,日々の保育の基本とし,保育は,子どもの健康と安全を欠いては成立しないことを,施設長の責務の下に全職員が共通して認識することが必要である。また,保育所は,子どもが集団で生活する場であり,保育所における健康と安全は,一人一人の子どもに加えて,集団の子どもの健康と安全から成り立っており,子どもたちの健康と安全は,大人の責任において守らなければならないが,同時に,子ども自らが健康と安全に関する力を身に付けていくことも重要である。今回の改定の中で第3章の「健康及び安全」について4つの項目が示された。

1）子どもの健康支援

① 子どもの健康状態並びに発育及び発達状態の把握
② 健康増進
③ 疾病等への対応

子どもの心身の状態に応じて保育するには,健康状態の把握や発育発達を定期的,継続的に行い,必要に応じては随時行い,把握する。健康に関する**保健計画**を全体に基づいて作成し,全職員がねらいや内容を把握して,一人一人の子どもの健康の保持,増進に努める。また,保育中に体調不良や傷害が発生した場合,状態に応じて,保護者に連絡し嘱託医,かかりつけの医療機関に連絡,対応する。

> 保健計画

2）食育の推進

① 保育所の特性を生かした食育
② 食育の環境の整備等

保育所における食育は,健康な生活の基本としての「**食を営む力**」の

> 食を営む力

育成に向け，その基礎を培うことを目標とすること。また，食への理解を保つため，子どもの保護者も一緒に作り，食べて，より一層食事への関心と楽しみを持つ子どもへと成長してほしいと期待する。

　食材の取扱いも大切にし，食の環境や食べ物の栄養にも関心を持たせ，無駄に残したりしない意識を持たせる。一方で，食物アレルギー，体調不良，障がいのある子どもなど，一人一人の状況を把握して保護者との連携を保ち，担当医の指示を仰ぐ。

3）環境及び衛生管理並びに安全管理
　① 環境及び衛生管理
　② 事故防止及び安全対策

　施設内外の適切な環境の維持に努め，温度，湿度や換気，採光，音などの環境を常に適切な状態に保持する。**事故防止**，安全対策については日頃から，施設内外の安全点検に努め，全職員が共通理解と体制づくりを図る。

> 事故防止

4）災害への備え
　① 施設・整備等の安全確保
　② 災害発生時の対応体制及び避難への備え
　③ 地域の関係機関等との連携

　今回の改定の中で「災害への備え」が新たに新設されており，日頃からの避難訓練や安全環境の整備を心がけるとともに研修などを通して，職員一人一人が災害に対する危機管理に備えなければならない。また，保育所でマニュアルを作成のうえ，日頃から保護者との密接な連携に努め，**連絡体制**や**引渡し方法**等についても確認しておく。そして，限られた数の職員で子どもたち全員の安全を確保しなければならない保育所にとっては，地域との連携が重要であり，日頃より地域の実態に応じて必要な連携や協力が得られるようにしておくことが大切である。

> 災害への備え
>
> 連絡体制
> 引渡し方法

2 全体的な計画（改定前の保育課程）と指導計画の作成

今回の保育指針の改定に伴い，保育所の全体計画「保育課程」と明示されていたものが「**全体的な計画**」と改定され，それを具体化したものが「**指導計画**」である。

全体的な計画
指導計画

(1) 全体的な計画の作成手順

① 保育所保育の基本について，職員間の共通理解を図る。
② 乳幼児期の発達および子ども，家庭，地域の実態，保育所に対する社会の要請，保護者の意向などを把握する。
③ 各保育所の保育の理念，目標，方針等について職員間の共通理解を図る。
④ 子どもの発達過程を見通し，それぞれの時期にふさわしい具体的なねらいと内容を，一貫性をもって組織する。
⑤ 保育時間の長短，在籍期間の長短，その他子どもの発達や心身の状態および家庭の状況に配慮して，それぞれにふさわしい生活の中で保育目標が達成されるようにする。
⑥ 全体的な計画に基づく保育の経過や結果を省察，評価し，作成に生かす。

(2) 指導計画の作成

指導計画に当たっては，保育の目標をより具体化し，子ども一人一人の**発達過程**や状況を十分に踏まえるとともに，次の事項に留意しなければならない。

発達過程

① 3歳未満児については，一人一人の子どもの生育歴，心身の発達，活動の実態等に即して，個別な計画を作成すること。
② 3歳以上児については，**個の成長**と，子ども相互の関係や協同的な活動が促されるよう配慮すること。

個の成長

第12章　保育所における指導計画と指導案

③ 異年齢で構成される組やグループでの保育においては，一人一人の子どもの生活や経験，発達過程などを把握し，適切な援助や環境構成ができるよう配慮すること。

3 長期的な指導計画（年，期，月）

　年間（期）指導計画は，1年間の生活を見通した最も長期の計画であり，子どもの発達や生活の節目に配慮し，1年間をいくつかの期に区分し，それぞれの時期にふさわしい保育の内容を計画する（「健康［表12-1］」「食育［表12-2］」参照）。月案の作成にあたっては，「全体的な計画」の年間・期間をふまえたうえで週案につながっていく，より具体的な事項を記入することが大切である。3歳未満児の指導計画は保育者との関わりが深い中で，少しずつ自立への意識が芽生え，周りの環境に大きく興味を広げだす時期でもあるので，それを意識しながら作成する。1歳児においては個人差が大きいので，その点については十分に留意することが必要である。また，今回の指針改定では個別な計画の作成と謳われている。

健康
食育

4 短期的な指導計画（週，日）

　週案，日案の作成にあたっては，年案，月案のねらいがきちんと活かされているか，確認することが重要なポイントとなる。子どもの姿を十分に観察し，発達の状況を把握しておき，その状況にそって，週のねらいを立てる。また，日々の保育の中で，常に子どもの成長と保育のねらいを確認することが大切である。

● 表 12-1 ● 健康および安全 年間指導計画例（健康）

		Ⅰ期（4月～6月）	Ⅱ期（7月～9月）	Ⅲ期（10月～12月）	Ⅳ期（1月～3月）
ねらい		・新しい環境に慣れ，一人一人の健康状態や生活リズムを把握し安心して過ごせるようにする。	・安心した環境の中で，保育者や友だちと梅雨期の過ごし方や夏の健康面に気を付ける。 ・夏の遊びを楽しむようにする。	・気温差や子どもの体調に気を付け，自然に触れながら体を十分に動かした運動や遊びができるようにする。	・友だちや保育者との関わりの中で，自分の思いを表現し，一人一人の気持ちを受け止めていく。 ・進級，就学にむけての期待や喜びを持ちながら，自信を持って生活するようにする。
内容	0歳児	・外気に触れる心地よさ，のびのびと手足を動かす楽しさを知る。	・沐浴，水遊びを楽しみながら心地よく過ごす。	・安全に配慮してもらいながら，自然に触れる時間をもち，戸外でも十分に体を動かし楽しむ。	・立つ・つたい歩き・歩く等の運動を積極的に行う。 ・月齢によっては，模倣遊びを楽しみながら，体を動かして遊ぶことを楽しむ。
	1歳児	・新しい生活リズムにすこしずつ慣れ，室内の探索活動を楽しむ。 ・身近な人や物に自発的に働きかけ，好きな遊びを見つけてじっくり遊ぶ。	・水遊びや外遊びを十分に楽しみ，水分補給や休息を十分にとる。	・固定遊具やボールなどの用具を使った運動遊びを楽しむ。	・排尿のリズムができ，事前に知らせて自ら行く。 ・玩具を仲立ちとした遊びを友だちや保育者と楽しむ。
	2歳児	・新しい生活リズムに慣れ，簡単な身支度を自分でしようとする。 ・自然に触れながら戸外遊びを十分に楽しみ，保育者や友だちと安定した関わりで，安心して過ごす。	・プールや泥んこ遊びで水，砂，土にふれて開放感を思い切り楽しむ。 ・水分補給や休息を十分にとれるようにする。	・リズム遊びや走る，跳ぶ，押す，引っぱる，ぶら下がるなど全身を使う遊びや運動遊具を使う遊びを友だちと一緒に楽しむ。	・冬の生活を知り，健康に過ごす（うがい，手洗い，薄着等）。 ・鼻汁が出たら自分でかもうとする。
	3歳児	・戸外で様々な遊びを十分に楽しみながら，遊具の正しい使い方を知る。 ・友だちの存在に関心を持ちながらも並行遊びを楽しむ。	・気の合う友だちや異年齢児との関わりを楽しむ中で簡単なルールを守りながら遊びを楽しむ。 ・運動会の練習を通して体の機能が発達し，心身が豊かになる。	・体を十分に動かして遊ぶ楽しみを知る。 ・手洗いやうがいが習慣づき，病気の予防ができる。	・避難訓練を重ねることで危機を回避することを覚える。 ・寒さに負けず，戸外で体を十分に動かして遊びを楽しむ。
	4歳児	・全身で自然や様々な物と関わり，運動量の多い遊びに挑戦する。 ・身近な環境に興味を持って関わり，遊びを体得していく。	・活動と休息のバランスのよい生活リズムに心地よさを感じる。 ・プール遊びを通して健康な心身づくりをする。 ・ルールのある遊びを楽しみ，約束を守ろうとする。	・自他を区別し，保育者に共感してもらったり友だちと競争したりしながら遊ぶ。 ・休息の仕方が分かり，運動後や食後は落ち着いて過ごす。	・五感で遊ぼうとする。 ・大人と同様の複雑な運動や用具を使った動きができるようになる。 ・寒さに負けず，全身を使った遊びを存分に楽しむ。
	5歳児	・保育者や友だち等の関わりの中で，集団遊びの楽しさが分かり，繋がりを深める。 ・手洗い，うがい，衣服の調整など健康に必要な基本的習慣の意味を理解し，構想する。	・自分の体に関心を持ち，健康な生活を送るために必要なリズムを身につける。 ・集団あそびの楽しさが分かり，自分達で決まりを作ったり，それを守ったりして遊ぶ。	・元気な活動にするためには，生活リズムや，食事，排泄，病気の予防などが大切なことに気づく。 ・様々な運動用具や遊具を使い，友だちと一緒に工夫して遊びを発展させる。	・全身運動が滑らかで巧みになると同時に手の動きが細やかになり，自信をもって活動できる喜びを味わう。 ・危険な事が分かり，考えながら安全な行動ができる。

● 表 12-2 ● 保育所保育指針（食育）の年間計画内容例

		0歳児	1歳児	2歳児	3歳児	4歳児	5歳児
ねらい		安定した大人との信頼関係の中で，ミルクや離乳食を喜んで食べ，心地よい生活を送る。	食材に興味を持ち，食べ物を見る，触る，味わう経験を通して自分で進んで食べようとする。	様々な食材を感じ，食事を味わい，意欲的に食べようとする。	保育者を交えて，友だちと一緒に食べる楽しさを知るとともに，食事の大切さを心得る。	食べることにより，全ての命の大切さを知り，健康，安全など食生活に必要な基本的な習慣や態度を身に付ける。	三食表に興味を持ちながら，自分の体に必要な食品の種類や働きに気づき栄養バランスを考慮した食事を取ろうとする。
内容	I期（4月〜6月）	特定の大人との信頼関係の下で，優しく見守られながらミルクや離乳食を食べる。	保育者や友だちと楽しい雰囲気の中で，咀嚼することを意識して食事をする。	保育者や友だちとの楽しい雰囲気の中で，スプーンやフォークを使い自分で食べる。	みんなで食べる楽しさを知る。量を加減してもらい，残さずに食べられたことへの満足感を得る。	慣れない食べ物や嫌いな食べ物も少しずつ食べようとする。友だち同士誘い合い，一緒に食べる喜びを味わう。	野菜の水やりを通して，生長，変化に気づき，身近な動植物からの恵みに，感謝の気持ちを持つ。
	II期（7月〜9月）	保育所の食事に慣れ，ゆったりとした雰囲気の中で，食べさせてくれる人に関心を持つ。	栽培などを身近にみることで，野菜を知る。食前・食後のあいさつを動作や言葉で行う。	園で栽培・収穫した野菜を通して，食への興味を広げていく。	食事のマナーや正しい箸の持ち方を身につける。野菜の収穫を楽しみ，食物に関心を持つ。	自分の体に興味を持ち，健康であるために必要な食事や遊び，休息の大切さを知る。	身の回りを清潔に保ち食事に向かう。収穫した野菜等を食べる事で，食に対しての意欲を高める。
	III期（10月〜12月）	色々な味に慣れ，食事の時間を喜び，自ら進んで椅子に座ろうとする。	食材に興味を持つ。自分で皿のなかの食材を集めー人で食べようとする。	量を加減してもらい，食べ終える喜びを味わう。食器に手を添え，持って食べようとする。	食材の名前を覚え，楽しんで食事をする。	旬の食材など，調理される前の状態を知ることで色・形・香りなどに興味を持つ。	調理をしている人に関心を持ち，感謝の気持ちを持つ。
	IV期（1月〜3月）	いろいろな食物に関心をもち，手づかみやスプーンを使って，進んで食べようとする。	こぼしながらも，一人で最後まで食べようとする。苦手なものも励まされることで食べようとする。	スプーンやフォークを正しく持ち，箸の使い方を教えてもらい，食べようとする。	食生活によって，成長することの大切さを知る。	命と食事の関係に興味を持ち，偏りのない食事を心がける。	挨拶・姿勢など，気持ちよく食事をするためのマナーを身に付け，食器などの使い方を学び，安全で衛生的な使用法を身に付ける。
家庭との連携		・アレルギー児においては，毎年度および半年後や，園児により各主治医の診断書提出により食事対応 ・給食献立表，食育だよりなどによる情報提供 ・給食，おやつ展示					
職員の研修および連携		・食育計画，指導計画の作成 ・実践，評価，改善を行う ・アレルギー児においては，主治医診断書提出ごとに全職員に伝達・確認 ・給食食材を色分けにて確認 ・定期的な給食会議により，保育士，栄養士，調理員での確認および共通理解					

5 乳幼児保育のねらいおよび内容

養護として,「ねらいと内容」を1歳児からは**発育発達過程**に合わせ,5領域に分けて行う。

0歳児の乳児保育は,同じく「身体的・精神的・社会的」発育発達過程に伴い,次の3つの視点で行う。

① 身近な人と気持ちが通じ合う
② 身近なものと関わり感性が育つ
③ 健やかに伸び伸びと育つ

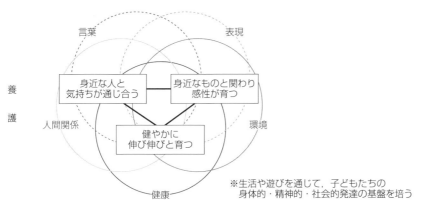

● 図12-1 ● 0歳児の保育内容の記載のイメージ

出典:厚生労働省雇用均等・児童家庭局保育課「保育所保育指針の改定について(資料1)」2017年, p. 32, https://hoyokyo.or.jp/http://www.hoyokyo.or.jp/nursing_hyk/reference/29-1s1.pdf (2024年12月23日閲覧)

6 保育実践の振り返りおよび評価

保育所が自らの保育の内容に関する評価を行う意義は,子どもの最善の利益を保障し,より良い保育を展開していくために,計画に基づいて行った自らの保育を,多様な観点で振り返りながら,**継続的**に保育の質を向上させていくことにある。

保育士等による自己評価により,それぞれが改善すべき点を具体的に把握し,それを次の指導計画の作成と保育の実践へとつなげていくとい

う過程が一連のものとして定着することで、保育の専門性が高められていき、職員間で行う保育の振り返りを通して、お互いの理解や協働性が強まり、学び合いの基盤が作られていくことが重要である。

　また、こうした保育士等による自己評価を踏まえて、保育所が組織として行う自己評価においては、それぞれの地域の特性や保育所として創意工夫し取り組んでいることを中心に、自らの特色や独自性とともに課題を明確化し、それに基づいて全体的な計画や指導計画およびその他の計画を見直して、具体的な改善を図っていくことが求められる。

　いずれも、自己評価が主体的な取組みの下で行われ、またその結果が具体的に改善へとつながっていくものであることが重要である。保育の計画に基づく保育、保育の内容の評価およびこれに基づく改善という一連の取組みにより、保育の質の向上が図られるよう、全職員が評価の過程に関わりながら改善に向けた取組みが進められていくことによって、その意義や目的についての理解が共有されることが重要である。

【参考文献】
1）厚生労働省『保育所保育指針〈平成29年告示〉』フレーベル館、2017年、pp.13-35
2）厚生労働省雇用均等・児童家庭局保育課「保育所保育指針の改定について（資料1）」2017年、pp.19, 32, 33, https://hoyokyo.or.jp/http://www.hoyokyo.or.jp/nursing_hyk/reference/29-1s1.pdf（2024年12月23日閲覧）
3）内閣府・文部科学省・厚生労働省（大阪府社会福祉協議会　保育部会　複製）「保育所保育指針解説書」（告示前資料）2017年、pp.290-292

まとめ

1 乳児・1歳以上3歳未満児の保育に関する記載の充実。

2 乳児保育に関わるねらいおよび内容で、0歳児保育の3つの視点。

3 1歳以上3歳未満児の保育に関わるねらいおよび内容の5領域。

4 3歳以上児の保育に関わるねらいおよび内容は、幼児教育の積極的な位置づけ。

5 保育所全体における健康および安全の確保に努めることが重要である。

6 子どもが、自らの体や健康に関心をもち、心身の機能を高めていくことが大切である。

7 子どもの心身の健康増進と健やかな生活の確立を目指す視点に基づいた、保育士等による関わりや配慮等の積極的な実践が必要である。

8 2024（令和6）年度より、保育所職員配置基準（3歳児・4歳児・5歳児の配置基準）の見直しが76年ぶりに行われた。

　　3歳児は20人→15人へ変更

　　4歳・5歳児は30人→25人へ変更

9 アレルギー疾患における体制の構築を原則として、マニュアルを作成し、全職員に周知するとともに、定期的な施設内外の研修の参加が重要である。

10 災害発生時に備えて、職員の役割分担、避難訓練計画等に関するマニュアル作成および定期的な点検と避難経路の見直しが大切である。

第13章
認定こども園における指導計画と指導案

　子ども・子育て支援の制度が2015（平成27）年度よりスタートした（図13-1参照)[1]。2018（平成30）年度より改訂施行された幼保連携型認定こども園教育・保育要領では，「幼児教育において育みたい資質・能力の整理，幼児期の終わりまでに育ってほしい姿の明確化」「乳児・1歳以上3歳未満児の保育に関する記載の充実，保育所保育における幼児教育の積極的位置づけ，子どもの育ちをめぐる健康及び安全の記載の見直し」等の内容が反映されている[2]。

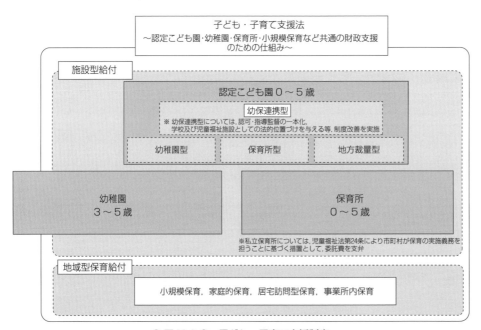

● 図13-1 ● 子ども・子育て支援制度

出典：文部科学省「子ども・子育て支援新制度について（幼稚園関係者向け）」2013年，https://www8.cao.go.jp/shoushi/shinseido/law/kodomo3houan/pdf/s-about-shien.pdf（2017年10月1日閲覧）

1 長期的な指導計画と短期的な指導計画

　一般的に，指導計画の作成の手順や形式には決まったものはないのであるが，幼保連携型認定こども園（以下，認定こども園）では，園長のリーダーシップのもとで保育教諭が連携（協力）し，教育と保育を一体的に提供できる全体計画を各園で創意工夫して作成することが望まれる。

　認定こども園では，園児一人一人の保育時間が異なるだけでなく，入園した年齢によってこども**集団での生活経験年数が異なる**。さらに，長期休業（夏休み等）中に登園する園児と家庭や地域で過ごす園児がいる。そのため園児の発達の個人差，集団生活の経験年数，家庭環境等に充分な配慮をする必要がある。園児一人一人の状況に応じた**教育と保育を一体的に提供**するためには，園児の生活の流れを考えた全体的な計画の作成が重要となる（図13-2参照）[3]。

> 集団での生活経験年数が異なる
>
> 教育と保育を一体的に提供

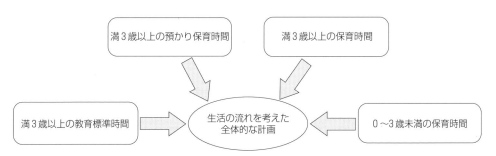

● 図13-2 ● 教育・保育のための全体的な計画
出典：秋田喜代美編『よくわかる幼保連携型認定こども園教育・保育要領』チャイルド本社，2017年を筆者が改変して引用

　表13-1は，指導計画の種類を示している。指導計画は，長期的な指導計画（年間指導計画，期間指導計画，月間指導計画）と短期的な指導計画（週間指導計画，1日指導計画）の2つに大別される。

● 表13-1 ● 指導計画の種類

長期的な計画	年間指導計画 期間指導計画 月間指導計画（月案）
短期的な計画	週間指導計画（週案） 1日指導計画（日案）

　長期的な指導計画は，当然のことながら全体計画に基づいて作成する必要がある。また，長期的な指導計画では，日本の季節の変化や地域の行事について配慮が必要である。季節の変化を感じたり園生活の節目となる園行事を経験したりすることで，園児の豊かな感性を育む

ことにつながる。

　短期的な指導計画には，週間指導計画（週案），1日指導計画（日案）がある。認定こども園では，短時間保育の園児と長時間保育の園児が混在している。また，園によっては**異年齢保育**を実践している場合もある。園児一人一人の異なる生活リズム，発達をとらえ，園児の生活の流れや興味関心に配慮し，**1日の生活リズム**を整える工夫等のポイントが指導計画に反映される必要がある。そのため，特定の時間を担当する保育教諭と長時間担当の保育教諭の間で打合せ，申送りを行い連携を密にする等**情報共有**を行うことが要求される。そうすることは，園児の活動に沿った柔軟な指導計画の立案につながっていく。

異年齢保育

1日の生活リズム

情報共有

2 指導案について

　指導案の形式についても，園によって様々であるが，日々の教育および保育は，「**ねらい**」を中心に進められていくため[4]，「ねらい」の設定はとくに重要となる。

ねらい

　表13-2は，年長（5歳児）クラスの指導案（日案）の例を示している。ここでは，3つの「ねらい」が設定されており，これらを実現させるための**環境構成**が行われている。また，配慮事項については，これまでの園児達の様子を踏まえた上での内容が具体的に記されている。さらに，園児達が次の活動の見通しを立てやすいような環境構成，配慮が記されていることから，園児達の1日の生活の流れを大切にしていることが伺える。

環境構成

　このように，指導案における「ねらい」は，本来，園児の様子をふまえた具体的なものになる。「ねらい」を実現させるために「環境構成」を考え，1日の生活の流れを踏まえた上で，園児の動きを予想する必要がある。しかし，実習生が指導案を作成する場合，実習生本人がやりたいことや園児たちが喜びそうなものが，設定されるケースが多くみられる。たとえば，ある実習生は，3歳児の部分実習の際に「製作活動（紙コップを使った剣玉づくり）」という指導案を検討していた。部分実習が実施

● 表13-2 ● 指導案（日案）の実践例

日案	令和○○年11月8日（金）8：10～13：45 ○○組（5歳児）男16名・女10名＝計26名　担任：嵯峨野 花子	
ねらい	◎ 好きな遊びを楽しむ中で，友だちと相談しながら遊びを進めていくことを楽しむ。 ◎ 製作活動の中で，イメージを実現したり，工夫したりしながら作品作りを楽しむ。 ◎ 友だちと一緒に共通の目的に向かって，協力したり，考えを出し合ったりしながら作品作りを進めていこうとする。	
内容	・様々な素材を工夫しながら作品を作る。 ・自分の考えを伝えながら，友だちの考えを聞きながら遊びを進める。 ・友だちと一緒にアイディアを出し合って，作品を作る。	
時間	○予想される園児の活動 ◎ねらい	◇環境構成 ◆配慮等
8：10	○ 登園する。 ○ 朝の身支度をする。 　・名札付け 　・出席シールはり 　・タオル，コップ掛け 　・水やり　　　　　　など ○ 絵本を借りる。 ○ 室内で好きな遊びをする。 　・大工コーナー 　・縫いさしコーナー 　・廃材製作コーナー	◇ 秋の自然が感じられるような絵本や図鑑，園庭の自然物を室内に置き，子どもの目に触れやすいようにする。 ◇ 生活の流れが分かるように掲示し，予定を確認できるようにしておく。 ◆ 元気にあいさつを交わしながら，個々の様子を見る（朝の視診）。 ◆ カバンを床に置きっぱなしにしないよう声をかける。 ◆ M，K，Yには，今日の遊びに期待が持てるように声をかけながら，朝の身支度をスムーズに終えられるように支える。 ◆ 飼育動物の世話は時間を決めて行えるようにする。 ◇ 各自の製作の続きがすぐに始められるように準備しておく。 ◇ 自然素材などを分類して取りだしやすいように，目に付きやすいように保育室の中央に準備しておく。 ◆ MやK，T，Sらに対しては，どのような物を作ろうとしているかを一緒に話しながら，イメージをより具体化していけるように支える。 ◆ 廃材製作では，ガムテープの貼り方等がより丁寧にできる方法を知らせたりしながら，作品の完成を楽しみに工夫していけるように声をかける。 ◆ 個人の作品へのイメージを聞きながら，必要に応じてよりイメージに近い素材を探したり，時には教師が提供をしながら，次への製作意欲が出るように支える。
9：30	○ 片付ける。 ○ 戸外で好きな遊びをする。 ◎ 共通のルールのもとに友だちと一緒に遊びを進めていくことを楽しむ。 ◎ ボール回しのスピード感を楽しむ。 　・ドッジボール ◎ ルールを知る。	◆ 次週に続きができるよう，棚の上を整理しながら作品を保管しておくように伝える。 ◆ 素材を分類したり，まだ使えるものとゴミを分けたり，物を大切に使う事を意識しながら片付けられるように声をかける。 ◇ それぞれの遊びの場を確保できるように場の取り方を調整する。 ◆ 業間交流で経験した，ボール回しの速さに楽しみを感じていたので，素早くボールを投げたりしている様を認めたり，ボールを受けようとしている姿を認めたりする声をかける。 ◆ Ｉはルールに忠実であろうとするので，本児なりに不本意な気持ちになることがある。そのような時は，必要に応じてルールを守ることについてを他児にも投げかけて解決できるように支える。

	◎ 数名の友だちと勝ち負けのあるじゃんけんゲームを楽しむ。 ・うずまきじゃんけん	◇ リレーやドッジボールなどと交差しにくい場所を確保する。 ◆ 戸外遊び目的を持ちにくいHやTらを誘いかけ，遊びのきっかけをつくる。 ◆ 遊び始めて日が浅いので，教師も一緒に楽しみながらルールを確認し，じゃんけんゲームのルールを理解できるように促す。 ◆ 遊びの見通しを持ちやすいように，片付けの5分前ぐらいに声をかける。
10：05	○ 片付ける。	◆ 遊びに切りを付け片付けに気持ちが向くように促し，次の日への遊びに期待が持てるように声をかける。 ◆ 自分の使っていた物を中心に片付けるが，最後は園全体が片付いているかどうか意識できるように促す。
10：15	○ 手洗いうがいをする。	◆ うがいはしっかりと上を向いて行い，次への活動を意識しながら行動できるように促す。
	○ 朝の集まりをする。 ・歌「ジグザグおさんぽ」 ・休みの友だちの確認 ・好きな遊びの話 ・今日のお知らせ　　など	◆ 好きな遊びについて，みんなで話し合いたい事やみんなに広めたい事などを伝えたり，子ども達からの考えを話したりできるようにする（うずまきじゃんけん・ドッジボールの話題）。 ◆ 社会の出来事やニュースなど子どもにも関心を持ってもらいたい事や知ってもらいたい事などを伝えたり，子ども達からのお知らせを話したりする。
	○ 業間交流をして楽しかったことや伝えたいことを絵や手紙にかく（1年生に宛てて）。	◇ 画用紙や鉛筆，マジックなどの用具を用意する。 ◆ 業間交流の楽しかったことなどを思い出せるように話し，次回の交流を楽しみにしている気持ちを引き出しながら手紙を書けるようにする。 ◆ 11時になったら片付け，椅子を並べて着席しておくように伝え，生活の流れを時間と共に意識できるようにする。
11：10	○ 作品展に向けてグループ製作をする。	
	クラス活動	
12：00	○ クラス活動を終え，手洗いなどを行う。 ○ 弁当の準備をする。 ○ 弁当を食べる。	◇ 食事を始める時間などを伝え，意識しながら行動できるようにする。 ◆ 手際よく協力して食事の準備をしている姿に対し具体的に認めの言葉をかける。 ◆ リーダーの約束事を意識しながら食事を進められるようにする。 ◆ 弁当終了の目標時間を伝え，声をかけ合いながら楽しい雰囲気で食べられるようにする。
	○ 食事を終え，後片付けや歯磨きをする。	◆ 手鏡を使って歯磨きをしている様子を見守る。また，口の周りも洗ってきれいな状態になっているかを意識できるように促す。
	○ 好きな遊びをする。	◆ 帰りの時間を自ら意識したり，気付いた子が友だちに知らせたりして声をかけ合えるように仕向ける。また，その姿を認める。
13：15	○ 降園準備をする。 ・荷物をまとめる ・手紙をもらう ・上靴，カラー帽子を用意する ○ 降園コースに並ぶ。	◆ 忘れ物がないか等，仲間同士の気付き合いを大切にする。 ◆ 明日の予定を話し，幼稚園生活に期待が持てるように声をかける。
13：45	○ 降園する。	

される前までの園児達の活動は，秋の遠足，どんぐり拾いなど，秋の自然が感じられる活動であった。そのような活動があったにもかかわらず，なぜ「剣玉づくり」を選んだのかと質問したところ「準備が難しそうではなく3歳児にできそうな活動だった」という答えが返ってきた。また別のケースでは，「園児が盛り上がってくれそうだった」という理由で，5歳児に対してとあるゲームが設定されていた。これらのケースでは，前日までの園児の様子を踏まえておらず，**保育の連続性**を分断したものとなっている。したがって，前日までの園児たちの様子をしっかりとふまえ，園児たちの興味・関心が連続，発展していくような具体的な「ねらい」「内容」がどのようなものかをしっかりと考える必要がある。その「ねらい」を達成するために，環境構成を考え，園児たちの生活の流れに配慮しながら時間配分を考えなければならない。

> 保育の連続性

時間配分については，実習生による部分実習・全日実習では，立案した計画通りに進めることに精一杯で，時間が足りなくなったり，園児へ目配りができず一人一人へ対応することができなかったり等の状況に陥りがちである。実際の実習場面では，指導計画通りに進むことはまずあり得ないため，自分が立案した計画にこだわらず，園児達の状況に応じて現在の活動を切り上げ次の活動へ促し，次の日の指導案につなげて行く臨機応変さが肝要となる。

3 実践の振り返りと評価

図13-3は，**PDCAサイクル**と指導計画改善の関わりを示している。

> PDCAサイクル

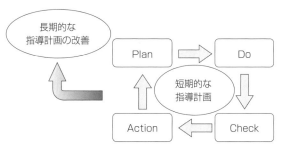

● 図13-3 ● PDCAサイクルと指導計画改善の関わり

Pは計画（Plan），Dは実践（Do），Cは評価（Check），Aは改善（Action）を意味している。短期的指導計画に基づいた保育実践の振り返りと評価をしっかりと積み上げていくことは，長期的指導計画の改善へとつながる。そのため，毎日の保育実践における振り返りと評価が重要となる。

　保育実践の目先の成功，失敗にとらわれず，毎回の反省・評価をしっかりと行うことで，良かった点，悪かった点について記録をし，次の指導計画に役立てる必要がある。

【引用・参考文献】
1）文部科学省「子ども・子育て支援新制度について（幼稚園関係者向け）」2013年，https://www8.cao.go.jp/shoushi/shinseido/law/kodomo3houan/pdf/s-about-shien.pdf（2017年10月1日閲覧）
2）砂上史子「幼保連携型認定こども園教育・保育要領」無藤 隆ほか『ここがポイント！3法令ガイドブック―新しい「幼稚園教育要領」「保育所保育指針」「幼保連携型認定こども園教育・保育要領」の理解のために』フレーベル館，2017年，pp.175-269
3）秋田喜代美「育ちや生活時間の差を包み込む全体計画の立案」秋田喜代美編『よくわかる幼保連携型認定こども園教育・保育要領徹底ガイド』チャイルド本社，2015年，pp.20-23
4）久富陽子編著『幼稚園・保育所実習指導計画の考え方・立て方［第2版］』萌文書林，2017年，p.53

まとめ

1. 教育と保育を一体的に提供できる全体計画の作成。
2. 園長のリーダーシップのもと保育教諭が協力し，創意工夫した計画の作成。
3. 園児の感性を育むために，日本の季節の変化や行事について配慮した長期的計画の作成。
4. 在園時間の異なる園児が混在しているため，園児一人一人の生活の流れに配慮し，生活のリズムを整える工夫等を反映した指導計画の作成。
5. 異年齢の園児が関わる活動を様々に取り入れる工夫。
6. 保育教諭同士が情報共有し，多様な園児の実態に即した指導計画の作成。
7. 「ねらい」を実現させるために園児の1日の生活の流れを踏まえた「環境構成」の工夫。
8. 前日までの保育の連続性を分断せず，園児の興味・関心が連続，発展していくような具体的な「ねらい」の検討。
9. 立案した指導計画にこだわらず，園児達の状況に応じた柔軟な活動。
10. 毎日の保育実践を振り返り，実践，評価，改善を積み重ねて長期指導計画の評価・改善へ活用。

● 重要語句集 ●

■ ア 行

Ice	93
Action	105
アタッチメント（愛着）	28
アレルギー反応	33
安全管理	90
──の徹底	84
安全教育	90
安全面を徹底	83
生きる力の基礎	80
育児教育・育児支援	84
1日の生活リズム	122
一般型	11
移動系運動	16, 17, 63
移動系運動スキル	73
意図的	79
異年齢保育	122
意欲的な心の育成	60
動きの再現性	45
動きの洗練化	61
動きの多様化	61
動きの動詞一覧	53
運動あそび	19, 78
運動機会の増加	81
運動機能	44
運動強度	42
運動刺激	40
運動実施時間	42
運動実施頻度	42
運動体験	79
運動能力・運動機能の向上	81
運動能力・技術の飛躍的向上	79
運動能力の獲得	83
運動の3大原則	42
運動の習慣化	84
運動領域	41
運動をするための体力	51
運動を調整する能力	51
永久歯	14
Elevation	93

■ カ 行

カウプ指数	13
科学的根拠	48
学習指導要領（体育）	41
化骨	13
カリキュラム・マネジメント	105
感覚運動的	25
環境構成	122
環境の工夫	75
間接圧迫止血	94
汗腺機能	38
感動体験	75
記憶の定着	35
気質	21
基礎的運動能力	48
期の指導計画	104
基本的信頼感	28
基本的生活習慣	62
教育的意図	6
教育と保育を一体的に提供	121
共同あそび	29
胸部突き上げ法	97
共有したイメージの遊び	79
協力して創りあげる喜び	74
空間認知能力	70
計画的	79
継続的	117
月間指導計画（月案）	104
欠食	33
月齢別おしっことうんち	35
元気な子ども	18
健康	114
──な心とからだ	6
──に生活するための体力	51

健康教育	47
健康促進	84
健康的な体の育成	60
健康的に過ごす	79
健康面に留意して実施	84
行動学的発達	10
行動体力	50
コーディネーション・神経系の動き作り	81
午後10時過ぎに就寝する幼児	36
個々の経験化	80
個々の体調（機嫌）の把握	84
心の理論	29
個食	33
孤食	33
個性	36
骨折	94
子ども・子育て支援新制度	1
子どもの自由な発想	71
個の成長	113
5領域（健康・人間関係・環境・言葉・表現）	79
Compression	93

■ サ 行

サーキットあそび	53
災害への備え	112
自我の発達	23
持久力	51
止血法	94
思考力	26
思考力，判断力，表現力等の基礎	3, 103
自己肯定感	80
自己中心性	27
自己中心的	24
自己表現	36
事故防止	112
下見	84
実施判断基準の統一化	84
実施マニュアル化	84
実態に応じた対応	7
質の向上	2
指導計画	113

自分の心をコントロールする力	51
社会情勢の変化	110
社会性の獲得	79
社会性の発達	28
社会性を身につける	68
社会適応力の発達	60
社会的参照	23
集団での生活経験年数が異なる	121
週の指導計画（週案）	104
重要な時期	2
主体的・対話的で深い学び	103
主体的な活動欲求	68
主体的に遊ぶ	7
順応力	80
瞬発力	51
小学校教育との接続	3
象徴的思考段階	27
小脳	16
情報共有	122
食育	114
食事	62
食に関心を持つ	86
食を営む力	111
——を育てる	86
自律神経	38
人格形成の基礎を培う	6
神経型	11
神経機能	51
——の発達	40
心身の安定を図る	84
心身の健康	84
身体活動	42, 78
身体認識力	70
身体表現	78
身体不活動	60
新体力テスト	54
人的・物的環境	79
随意運動	16
水泳技術の獲得	83
吸い込み反射	16
睡眠	62
スキャモン	10

スケジュール	84	調整力・空間認知能力の獲得	81
すばやい動き	18	挑戦と克服	75
		直接圧迫止血	94
生活リズムの安定	86	直観的思考	27
清潔	62		
整合性の確保	2	伝染性の病気	38
成功体験	80		
生殖型	11	投	53
静的平衡運動	74	Do	105
生物学的発達	10	同時改訂（定）	7
世界でも有数の遅寝の社会	36	同時告示	1
前操作期	27	動的平衡運動	74
全体的な計画	105, 113	導入と展開	79
		友達といっしょに遊ぶ	68
走	53		
総合的な身体の使い方	81	■ ナ　行	
操作系運動	16, 17, 46, 63	内発的動機	64
操作系運動スキル	72	仲間意識を育む機会	82
組織的	79		
粗大運動	60	乳歯	14
育ちの見通し	2	人間関係	28
		人数確認の徹底	84
■ タ　行		認知・思考の働き	24
第3期教育振興基本計画	33	認知的能力の発達	60
大脳	15	認知発達論	24
体力	50		
体力・運動能力の向上	60	ねらい	122
多種多様な運動能力	71	年間指導計画	104
脱臼	95	捻挫	95
達成感や充実感	79		
楽しく，安全に活動	68	脳重量	15
楽しさ・面白さ	81		
食べ物への興味や関心をもつ	102	■ ハ　行	
段階的指導	83	把握反射	16
段階的な確認	84	パーソナリティ（人格）	22
探索活動	24	背筋力	51
		排泄	62
Check	105	背部叩打法	97
知識及び技能の基礎	3, 103	発育	10
知的好奇心	26	発育発達過程	117
着脱衣	62	発達	10
跳	53	——の連続性	3
調整力	7, 51, 65	発達過程	113

発達段階	21	自らの意思	75
発達パターン	10	水に慣れ親しむ	83
早寝早起き朝ごはん	36	身だしなみ	37
反抗期	23	見通しをもって行動する	101
反射運動	16	認めの関わり	8
反射的で不規則	34	未発達の段階	7
		モロー反射	16
ピアジェ（Piaget, J.)	24		
PDCA サイクル	64, 105, 125	**■ヤ 行**	
引渡し方法	112	やりたいという気持ち	7
微細運動	61		
人と環境の相互的な関係性	24	有能感	42
日の指導計画（日案）	104		
表現あそび	78	よい仲間	18
		養護	79
フィールドテスト	54	幼児期運動指針	44, 60
複数の指導体制	84	幼児期の終わりまでに育ってほしい（10の）姿	2, 103
腹部突き上げ法	97	幼児期は神経系の発達が著しい時期	72
不審者・事故対応	84	幼児教育	110
Plan	105	幼稚園教育要領	32, 110
不慮の事故	88		
雰囲気づくり	75	**■ラ 行**	
		RICE 処置	93
平行（並行）あそび	29		
平衡系運動	16, 17, 63	リトミックあそび	81
偏食	33	リハーサル	84
		リンパ型	11
保育環境	111		
保育所保育指針	61, 110	Rest	93
保育の連続性	125	連合あそび	29
保育目標・教育目標	78	連絡体制	112
防衛体力	50		
保健計画	111	ローレル指数	13
■マ 行		**■ワ 行**	
学びに向かう力，人間性等	3, 103	和食が世界無形文化遺産に登録	34
学びの連続性	3		

〈著者紹介〉(執筆順)

原田　健次	(仙台大学客員教授・持子保育園園長)	第1章
三村　寛一	(編著者)	第2章
中村　泰介	(大阪大谷大学教授)	第3章
岡　みゆき	(大阪大谷大学非常勤講師・ちゃいるど未来ラボ代表理事)	第4章
安部　惠子	(編著者)	第5章
小林　志保	(大阪成蹊大学准教授)	第6章
秋武　寛	(西南学院大学准教授)	第7章
永井　伸人	(東京未来大学准教授)	第8章
布施　仁	(守口東幼稚園まこと保育園園長・大阪公立大学非常勤講師)	第9章
髙木　信良	(関西女子短期大学名誉教授)	第10章
東　隆史	(四天王寺大学短期大学部教授)	第11章
野中　耕次	(箕面学園福祉保育専門学校校長)	第12章
吉田　康成	(四天王寺大学教授)	第13章

〈編著者紹介〉

三村　寛一（みむら・かんいち）　学術博士
　1971年　大阪教育大学教育学部卒業
　1972年　大阪教育大学教育専攻科（体育）修了
　1976年　東京教育大学大学院体育学研究科修士課程体育学専攻修了
　1990年　学術博士（大阪市立大学）取得
　1990年　カナダ Mc Master 大学へ1年間の研究留学（文部省長期在外研究員）
　現　在　大阪教育大学名誉教授・大阪成蹊大学名誉教授・滋慶医療科学大学・大学院
　　　　　客員教授
　［主要著作］
　『健康・スポーツの科学―幼児から高齢者まで』（編著）明伸社，1992年
　『青年の健康と運動』（共著）現代教育社，1995年
　『小児のスポーツ科学』（翻訳）金芳堂，1997年
　『健康の科学』（共著）金芳堂，1999年
　『スポーツ指導論』（編）嵯峨野書院，2002年
　『健康・スポーツの科学』（編著）嵯峨野書院，2006年
　『スポーツ指導者のためのスポーツと法』（編著）嵯峨野書院，2011年
　『やさしいスポーツ医科学の基礎知識』（共著）嵯峨野書院，2016年
　『新・スポーツ生理学』（編著）嵯峨野書院，2018年
　『子どもにおける「体つくり運動」の基礎と実践』（編著）嵯峨野書院，2022年

安　部　惠　子（あべ・けいこ）　博士（学校教育学）
　1982年　武庫川女子大学文学部教育学科体育専攻卒業
　1999年　大阪教育大学大学院教育学研究科健康科学専攻修士課程修了
　2005年　兵庫教育大学大学院連合学校教育学研究科教科教育実践学専攻博士課程修了
　現　在　大阪成蹊大学大学院教育学研究科研究科長・教育学部教授
　［主要著作］
　『スポーツ社会学』（共著）嵯峨野書院，2002年
　『健康・スポーツの科学』（共著）嵯峨野書院，2006年
　『子ども教育への試論』（共著）日本文教出版，2006年
　『スポーツ指導者のためのスポーツと法』（共著）嵯峨野書院，2011年
　『新・スポーツ生理学』（共著）嵯峨野書院，2018年

新・保育と健康　　　　　　　　　　　　　　　　　　　　　　　≪検印省略≫

2018年6月20日　第1版第1刷発行
2021年8月10日　第1版第2刷発行
2025年4月17日　第1版第3刷発行

編著者　三村　寛一
　　　　安部　惠子

発行者　前田　茂

発行所　嵯峨野書院
〒615-8045　京都市西京区牛ヶ瀬南ノ口町39　電話(075)391-7686　振替01020-8-40694

©Kanichi Mimura, Keiko Abe, 2018　　　創栄図書印刷・吉田三誠堂製本所

ISBN978-4-7823-0577-5

JCOPY〈出版者著作権管理機構　委託出版物〉
本書の無断複製は著作権法上での例外を除き禁じられています。複製される場合は，そのつど事前に，出版者著作権管理機構（電話03-5244-5088, FAX 03-5244-5089, e-mail : info@jcopy.or.jp）の許諾を得てください。

◎本書のコピー，スキャン，デジタル化等の無断複製は著作権法上での例外を除き禁じられています。本書を代行業者等の第三者に依頼してスキャンやデジタル化することは，たとえ個人や家庭内の利用でも著作権法違反です。

一般社団法人 メディカル・フィットネス協会 監修

やさしい スチューデント トレーナー シリーズ

1 スポーツ社会学
八木田恭輔 編

B5・並製・114頁・定価（本体1900円＋税）

- 第1章 社会体育の基本的な考え方
- 第2章 スポーツと社会
- 第3章 スポーツと文化
- 第4章 スポーツと組織活動
- 第5章 地域とスポーツ活動

2 新スポーツ心理学
伊達萬里子 編

B5・並製・198頁・定価（本体2600円＋税）

- 第1章 スポーツ心理学の内容
- 第2章 スポーツスキルの制御と学習
- 第3章 スポーツスキルの効果的な学習法
- 第4章 スポーツの動機づけ
- 第5章 スポーツと発達
- 第6章 スポーツ集団の構造と機能
- 第7章 スポーツマンの性格と態度
- 第8章 スポーツと心の健康
- 第9章 スポーツにおける「あがり」
- 第10章 スポーツカウンセリング
- 第11章 コーチングの心理

3 新スポーツ生理学
三村寛一・鉄口宗弘 編

B5・並製・144頁・定価（本体2400円＋税）

- 第1章 骨格系とスポーツ
- 第2章 筋肉とスポーツ
- 第3章 呼吸器系とスポーツ
- 第4章 循環器系とスポーツ
- 第5章 脳・神経系とスポーツ
- 第6章 エネルギー代謝とスポーツ
- 第7章 代謝とスポーツ
- 第8章 体温調節とスポーツ
- 第9章 免疫系とスポーツ
- 第10章 内分泌系とスポーツ
- 第11章 肥満とスポーツ
- 第12章 運動プログラムの理論
- 第13章 運動プログラムの実践例

4 新スポーツ医学 [改訂新版]
藤本繁夫・大久保衞 編

B5・並製・292頁・定価（本体3500円＋税）

- 第1章 スポーツ医学とは
- 第2章 スポーツと健康
- 第3章 スポーツ選手の健康管理
- 第4章 特殊環境下でのスポーツ障害とその予防
- 第5章 スポーツ選手に起こりやすい病気と内科的障害
- 第6章 スポーツ選手に起こりやすい運動器の外傷・障害
- 第7章 スポーツ外傷・障害後のリハビリテーション，パラスポーツ
- 第8章 生活習慣病とスポーツ
- 第9章 コンディショニング
- 第10章 遠征でのスポーツ医学
- 第11章 スポーツと嗜好品，サプリメント，薬物
- 第12章 救急処置

5 新スポーツ栄養学
井奥加奈 編

B5・並製・188頁・定価（本体2600円＋税）

- 第1章 食事設計と健康
- 第2章 栄養と運動
- 第3章 栄養素の消化・吸収
- 第4章 エネルギー代謝と身体活動
- 第5章 日本人の食事摂取基準
- 第6章 肥満と身体組成
- 第7章 スポーツのための食事学——中学・高校生の成長期のアスリートに向けて
- 第8章 水分補給

6 スポーツ指導論
三村寛一 編

B5・並製・134頁・定価（本体2100円＋税）

- 第1章 スポーツ指導の意義と目標
- 第2章 トレーニング計画とその様式
- 第3章 指導段階とその設定
- 第4章 指導形態と適正人数
- 第5章 指導施設の選択と用具の準備
- 第6章 指導計画作成の実際

7 アスレティック・リハビリテーション
小柳磨毅 編

B5・並製・216頁・定価（本体2850円＋税）

- 第1章 アスレティック・リハビリテーション総論
- 第2章 部位・疾患別リハビリテーション
- 第3章 競技特性とリハビリテーション

8 コンディショニング
小柳磨毅 編

B5・並製・148頁・定価（本体2300円＋税）

- 第1章 コンディショニング
- 第2章 ストレッチングの実際
- 第3章 PNFの実際
- 第4章 関節モビリゼーションの実際
- 第5章 スポーツマッサージの実際
- 第6章 アイシングの実際
- 第7章 コンディショニングのための測定法

9 テーピング
髙木信良 編

B5・並製・110頁・定価（本体2200円＋税）

- 第1章 テーピングとは
- 第2章 テーピングを実施する前に
- 第3章 テーピングの基本テクニック
- 第4章 基本となる巻き方
- 第5章 応急手当のテーピング
- 第6章 再発予防のテーピング